시편으로 여는
대표기도문

여호와는 나의 목자시니 내게 부족함이 없으리로다
그가 나를 푸른 풀밭에 누이시며
쉴 만한 물 가로 인도하시는도다
내 영혼을 소생시키고
자기 이름을 위하여 의의 길로 인도하시는도다

(시편 23:1~3)

시편으로 여는 **대표기도문**

초판 1쇄 발행 | 2010년 1월 30일

지 은 이 | 박응순
펴 낸 이 | 채주희
펴 낸 곳 | 엘맨

등   록 | 제10-1562호(1985.10.29)
주   소 | 서울특별시 마포구 신수동 448-6
전   화 | 02-323-4060, 322-4477
팩   스 | 02-323-6416
메   일 | elman1985@hanmail.net

ⓒ 박응순 2010

편   집 | 김재원
디 자 인 | 책공방
마 케 팅 | 김연범(010.3767.5616)
마케팅지원 | 정수복

ISBN 978-89-5515-368-2   03230

정가 12,000원

이 책의 출판권은 저자가 가지고 있습니다.
저자와 출판사의 허락 없이 내용의 일부를 인용하거나 발췌하는 것을 금합니다.

시편으로 여는
대표기도문

박응순 지음

엘맨

서문

시편은 성경 66권 중에서도 가장 솔직한 감정 표현이 담겨 있습니다. 주님께 드리는 고백과 노래인 시편을 읽을 때마다 우리도 지친 마음에 위로를 받고 새 힘을 얻습니다. 시편 기자들이 드렸던 찬양과 간구에 응답하신 하나님의 손길이 지금 우리에게도 동일한 은혜를 부어 주시기 때문입니다.

또한 주님 앞에 견딜 수 없는 고통과 참을 수 없는 분노도 쏟아내며 하나님을 찾는 시편을 읽다 보면 우리의 기도가 얼마나 형식적이고 의례적인가를 다시 돌아보게 합니다. 특히 대표기도는 하나님께 드리는 기도이면서 여러 사람들 앞에서 소리내어 기도하게 되므로 사람들을 의식하게 되어 더욱 어렵게 느껴지고 부담이 되는 게 사실입니다.

이 책은 시편 말씀을 읽으며 묵상한 내용을 자연스럽게 기도문으로 만들어 대표기도에 대한 어려움을 덜도록 했습니다. 또한 시편 말씀에 근거한 대표기도를 드림으로써 시편을 통해 발견하는 하나님의 은혜를 흘려보낼 수 있도록 했습니다.

1장에는 1년 52주의 주일예배를 시편으로 열 수 있도록 했고, 2장에서는 표준 대표기문, 3장은 모범 심방예배 기도문을 실었습니다.

삶을 인도하시는 주님을 찬양하고, 즐거움과 기쁨을 노래하며, 슬픔과 고통을 부르짖는 시편을 통해 우리 기도가 더 구체적이고 주님께 온전히 드려지기를 바랍니다.

2010년 1월
박 응 순

추천의 글

　기도는 하나님과의 대화의 장이며 영적인 호흡입니다. 그런 점에서 기도는 내밀한 고백이자 하나님과 나만 주고받는 개인적인 대화이지만 여러 사람을 대표해서 주어진 상황과 그 분위기에 맞는 기도를 해야 하는 경우도 많이 있습니다. 명확한 주제를 가지고 기도해야 하는 것이 필요하고, 절기 및 특별한 날이나 상황에 어울리는 기도도 필요합니다.

　이 책에 담긴 기도문은 기도를 어렵게 생각하고 부담스러워 하는 성도들에게 시편과 그 묵상을 통해 쉽게 읽고 이해할 수 있도록 쓰여졌습니다. 또한 이 책을 읽는 여러분은 물론이고 대표기도를 통해 기도문을 듣는 이들도 시편의 은혜를 공감할 수 있을 것입니다.

　대표기도는 공적인 예배에서 행해지는 만큼 그 상황에 맞는 적절한 어휘와 내용을 담는 것이 무엇보다 중요합니다. 때와 장소, 상황에 맞게 쓰여진 기도문을 통해 하나님의 역사를 간절히 소망하며 간구한다면 성숙한 기도의 일꾼으로 거듭날 수 있을 것입니다.

　목회와 교회연합 활동에 눈코 뜰 새 없이 바쁜 목사님이 이렇게 좋은 책을 내셨는지 정말 그 열정에 또 한번 탄복합니다. 우리 박응순 목사님이 평신도들을 위하여 낸 "시편으로 여는 대표기도문"이 하나님과의 깊은 만남에 축복의 통로가 될 것으로 여겨 이에 추천합니다. 이 책에 실린 시편으로 여는 기도문이 여러분의 기도 생활을 더욱 깊고 넓게 이끌어 줄 것입니다.

명성교회
김 삼 환 목사

contents

서문 _4
추천의 글 _5

1장 주일예배 대표기도문 _9

1월 주일예배 대표기도문 _11
2월 주일예배 대표기도문 _31
3월 주일예배 대표기도문 _47
4월 주일예배 대표기도문 _63
5월 주일예배 대표기도문 _83
6월 주일예배 대표기도문 _99
7월 주일예배 대표기도문 _115
8월 주일예배 대표기도문 _135
9월 주일예배 대표기도문 _151
10월 주일예배 대표기도문 _167
11월 주일예배 대표기도문 _187
12월 주일예배 대표기도문 _203

2장 표준 대표기도문 _219

3장 모범 심방예배 기도문 _259

사업장 기도 1 _260   사업장 기도 2 _262
사업장 기도 3 _263   사업장 기도 4 _266
사업장 기도 5 _268   사업장 기도 6 _270
심방 기도 1 _272   심방 기도 2 _274
심방 기도 3 _276   심방 기도 4 _278
심방 기도 5 _280   심방 기도 6 _282
병문안 기도 1 _283   병문안 기도 2 _284
돌 기도 1 _285   돌 기도 2 _286
아기 출생을 앞두고 하는 기도 _287
출생 심방 기도 _288
이사 심방 기도 _290
생일을 맞이하여 드리는 기도 _292
수연(회갑, 칠순)을 맞이하여 드리는 기도 _293
배우자를 원하는 기도 _294
재소자를 위한 기도 _295
작정 기도 1 _296
작정 기도 2 _298

나의 힘이신 여호와여
내가 주를 사랑하나이다
여호와는 나의 반석이시요 나의 요새시요
나를 건지시는 이시요 나의 하나님이시요
내가 그 안에 피할 나의 바위시요
나의 방패시요 나의 구원의 뿔이시요
나의 산성이시로다
내가 찬송 받으실 여호와께 아뢰리니
내 원수들에게서 구원을 얻으리로다
시편 18:1~3

1장

주일예배 대표기도문

기도

땅이 꺼지는 이 요란 속에서도
언제나 당신의 속사귐에
귀 기울이게 하옵소서.

내 눈을 스쳐가는 허깨비와 무지개가
당신 빛으로 스러지게 하옵소서.

부끄러운 이 알몸을 가리울
풀잎 하나 주옵소서.

나의 노래는 당신의 사랑입니다.
당신의 이름이 내 혀를 닳게 하옵소서.

이제 다가오는 불 장마 속에서
'노아'의 배를 타게 하옵소서.

그러나 저기 꽃잎 모양 스러져 가는
어린 양들과 한 가지로 있게 하옵소서.

— 구상

1월

첫째 주

복 있는 사람은
악인들의 꾀를 따르지 아니하며
죄인들의 길에 서지 아니하며
오만한 자들의 자리에 앉지 아니하고
오직 여호와의 율법을 즐거워하여
그의 율법을 주야로 묵상하는도다
그는 시냇가에 심은 나무가 철을 따라 열매를 맺으며
그 잎사귀가 마르지 아니함 같으니
그가 하는 모든 일이 다 형통하리로다
시편 1:1~3

역사를 주관하시는 하나님

　새로운 한 해를 허락하신 하나님께 감사와 찬송과 존귀와 영광을 돌립니다. 예배와 찬양과 기도로 한 해를 시작하오니 날마다 새롭게 하시고, 주님 안에서 형통하며 승리하는 한 해가 되도록 도와주옵소서.

　허물 많은 저희를 구원하시고 오늘 주 앞에 나와 찬양하게 하시며, 주님과 함께 시작하게 하시니 감사합니다. 올 한 해는 예배에 승리하게 하시고, 말씀에 순종하게 하시며, 기도가 응답받는 복된 은혜를 허락하옵소서. 이웃을 용서하게 하시고, 우리의 심령이 새롭게 되어 주와 함께 동행하는 기쁨을 주옵소서.

　능력 많으신 주님, 저희가 올해를 살면서 허물로 인한 회개보다 승리에 대한 감사의 기도가 넘치기를 소원합니다. 은혜를 사모하게 하시고, 사명에 충성하게 하시며, 감사로 열매 맺는 복을 허락하여 주옵소서. 이 나라 이 민족을 축복하시어 복된 나라가 되게 하시고, 공의가 흐르는 사회가 되어 하나님을 경외하며 온 민족이 회개하고 주께 돌아오는 역사가 있게 하옵소서. 한국교회를 기억하시고, 민족과 세계를 품고 기도할 때 다시금 이 나라에 복음의 불길이 타오르게 하옵소서.

　교회가 먼저 하나님의 뜻대로 살아서 이웃도 살게 하시고, 죽어가는 수많은 영혼들을 주님 앞으로 인도하는 구원의 방주가 되게 하옵소서. 특별히 우리 교회에 부흥의 불길을 허락하옵소서.

이 일을 위하여 새로운 직분을 나누어 받았사오니 충성하게 하시어 주님께 영광 돌리는 한 해가 되기를 바랍니다.

성도들을 축복하시어 직장을 잃고 질병에 고생하며 어려움에 빠져 있는 모든 성도를 고치시고 용서하시고 회복하시는 주님의 은혜 속에 살게 하옵소서. 소원이 있어 지금껏 부르짖어 기도한 성도들 모두가 귀한 응답 받는 한 해가 되게 하옵소서.

오늘 세우신 목사님과 교회를 위하여 수고하시는 모든 사역자들을 위하여 기도합니다. 올해도 입술에 권세를 허락하셔서 말씀이 선포될 때마다 하나님의 능력이 함께 하시어 하나님의 온전하시고 기뻐하시는 뜻이 전달되며, 그 말씀에 회개하고 결단하는 역사가 일어나게 하옵소서. 한 해 첫 주일 예배를 기쁘게 흠향하시기를 원하오며 새날에 새 힘을 주시는 예수 그리스도의 이름으로 기도합니다. 아멘.

제 마음을 지켜주소서

부해진다 해도, 가난해진다 해도
주님을 잊는 일 없게 하소서.
희망이나 두려움, 기쁨이나 고통,
외적으로 겪는 사고나 내적으로 겪는 아픔도
제가 마땅히 해야 할 의무를 회피하게 하거나 방해하거나,
당신의 뜻에서 벗어나지 않게 하소서.

오, 성령이 제 안에 영원히 거하게 하시어
제 영혼을 바르고 자비롭게, 정직하고 경건하게,
거룩한 뜻을 위해 결연하고 한결같게,
악에 대해서는 굽힘이 없게 하소서.
겸손하고 순종하게 하시며,
평화를 위해 일하며 경건하게 하소서.
다른 사람의 장점을 시기하지 않게 하시고
무시당해 마땅하도록 행동하지 않게 하소서.
만일 그런 잘못을 범하거든 온유와 사랑으로
참아 내도록 저를 가르치소서.

— 제레미 테일러

1월

둘째 주

어찌하여 이방 나라들이 분노하며
민족들이 헛된 일을 꾸미는가
세상의 군왕들이 나서며
관원들이 서로 꾀하여
여호와와 그의 기름 부음 받은 자를 대적하며
우리가 그들의 맨 것을 끊고
그의 결박을 벗어 버리자 하는도다
하늘에 계신 이가 웃으심이여
주께서 그들을 비웃으시리로다

시편 2:1~4

만왕의 왕이신 하나님

한 주간도 우리를 환난과 세상의 풍파 가운데서 지켜주시고 생명과 건강을 허락하시고 믿음 주셔서 오늘도 예배하는 자리에 나올 수 있었음을 감사드립니다. 날마다 반복되는 저희 죄악을 보고도 멸하지 않으시고 오히려 긍휼을 베푸시어 용서하신 은혜에 또한 감사드립니다.

긍휼이 많으신 하나님!
저희에게 온전한 성도의 삶을 요구하시는 주님의 뜻을 깊이 깨닫고 순종하게 하옵소서. 세상을 바라보는 저희 눈이 선하게 하시고, 감사의 입술을 갖게 하시며, 복된 귀를 만들어 주셔서 성결한 삶을 이 땅에서도 살게 하옵소서. 내가 거룩하니 너희도 거룩하라 말씀하신 하나님께 순종할 수 있는 삶을 허락하여 주옵소서. 혹 입술로 이웃의 허물을 말하는 죄를 지었다면 용서하여 주옵소서.

너희가 판단하는 대로 너희도 받으리라 하신 하나님,
우리의 죄악을 용서하여 주옵소서. 안목의 정욕으로 마음을 더럽힌 죄를 회개하오니 용서하여 주옵소서. 주님의 말씀을 부담스러워 한 것을 회개하오니 용서하여 주소서. 거룩한 하나님을 우리 더러운 마음과 행동으로 욕되게 하지 않도록 은혜를 허락하여 주옵소서.

교회를 위해 기도합니다. 모든 성도들이 오직 하나님만을 섬기고 오직 하나님만을 위해 봉사하며 하나님의 영광을 위해 교제하게 도우시고 주님의 몸 된 교회의 지체가 되기에 부끄럽지 않은 삶을 살게 하옵소서.

세상을 이기게 하시고, 세상에서 주님의 증인되는 복을 허락하여 주옵소서. 이웃을 위하여 기도하고 봉사하게 하시고 그들의 필요에 도움의 손길이 될 수 있는 복을 허락하여 주옵소서. 소자에게 냉수 한 그릇 대접한 것도 반드시 상을 잃지 않겠다고 하신 하나님, 저희에게 하나님께서 공급하시는 힘으로 이웃을 위하여 헌신할 수 있는 믿음을 더하여 주시옵소서.

예배를 위하여 봉사하고 수고하는 손길들이 많습니다. 주여, 그들을 기억하시고 주님을 향한 정결하고 간절한 마음을 받으시옵소서. 단 위에 서신 목사님에게 함께 하사 충만한 은혜를 허락하여 주시기를 바라오며 예수 그리스도 이름으로 기도합니다. 아멘.

창을 여시는 주님

때때로 내 삶을 쓸쓸하게 하시는 주님
허전하게 하시며 아프게 하시는 주님
햇빛을 거두어 그늘을 드리우고
비와 바람으로 흩으시는 주님
꽃 대신 잎이 돋게 하시고
잎을 낙엽으로 떨구시는 주님

때를 따라 주님은
내 삶에 새로운 창을 내십니다
몰랐던 길 하나
그렇게 여십니다.

- 한희철 목사

1월

셋째 주

여호와여
나의 대적이 어찌 그리 많은지요
일어나 나를 치는 자가 많으니이다
많은 사람이 나를 대적하여 말하기를
그는 하나님께 구원을 받지 못한다 하나이다
여호와여 주는 나의 방패시요
나의 영광이시요
나의 머리를 드시는 자이시니이다
내가 나의 목소리로 여호와께 부르짖으니
그의 성산에서 응답하시는도다

시편 3:1~4

거룩하신
하나님 아버지!

　은혜를 감사합니다. 우리를 구원하심으로 기쁨을 이기지 못하시는 하나님의 사랑을 생각할 때 감사와 찬양을 드리지 않을 수 없습니다. 어느 것 하나 자랑할 것이 없음에도 저희를 택하시고 부르셔서 하나님의 자녀가 되게 하시고 예배의 자리를 허락하심에 온 마음으로 감사를 드립니다.

　오늘도 신령과 진정으로 예배하는 자를 찾으시는 주님.
　우리들로 하여금 아버지께서 받으시기에 합당한 예배가 되게 하여 주시옵소서. 찬양 중에 함께 하시고, 기도 중에 응답하시며, 말씀 중에 은혜가 임하게 하옵소서.

　예수님을 닮아가는 삶이 되게 하시고, 연약함을 만날 때마다 하나님께 기도할 수 있도록 인도해 주시옵소서. 십자가의 은혜를 주셔서 용서하게 하시고, 주님의 고난에 동참하게 하시며, 주님 가신 길을 따라가게 하여 주옵소서. 나라와 민족을 위하여 기도하게 하시며, 한국교회와 섬기는 저희 교회를 위하여 부르짖는 성도들의 기도에 응답으로 채워주시옵소서.

　일곱 촛대 사이를 다니시며 일곱 별을 붙들고 역사하시는 하나님을 믿습니다. 교회가 빛을 잃은 촛대가 되지 않게 하시고, 일곱 별이 빛을 잃지 않도록 도와주옵소서. 주의 사자들께서 강단에 엎드려 성도를 위하여 비는 기도에 귀를 기울이시고, 레위인의 복이 성도들에게 임하게 하여 주옵소서.

저희 교회 성도들을 붙드시고 각자에게 맡겨진 은사에 따라 각 지체들이 협력하여 아름다운 선을 이루는 청지기가 되어 주님 주신 사역을 온전히 감당하게 하시옵소서. 모두가 하나님의 충실한 일꾼들이 되길 바랍니다. 성가대의 찬양을 기뻐 받으시고 각 기관마다 그리스도의 보혈로 충만케 하셔서 크게 부흥하게 하여 주시옵소서.

목사님이 선포하는 하나님의 말씀 가운데 은혜와 위로가 있게 하옵시기를 바라며 예수 그리스도의 이름으로 기도합니다. 아멘.

하나님께 대한 복종

무엇이든 얻을 수 있는 힘을 달라고
하나님께 구하였으나
나는 약한 몸으로 태어나
겸손히 복종하는 법을 배웠습니다.

큰일을 하기 위하여
건강을 구하였으나
도리어 몸에 병을 얻어
좋은 일을 할 수 있게 되었습니다.

부(富)를 얻어
행복을 누리기를 간구하였으나
나는 가난한 자가 되어
오히려 지혜를 배웠습니다.

언젠가 권력을 휘둘러
만인의 찬사를 받기를 원하였으나
힘없는 자가 되어
하나님을 의지하게 되었고

인생을 즐기기 위해
온갖 좋은 것을 손에 넣고자 바랐건만
하나님은 내게 생명을 주시어
온갖 좋은 것을 다 즐길 수 있게 하셨습니다.

바라고 원하는 것은
한 가지도 받지 못하였으나
모르는 중에 나는 희망한 것을 모두 얻었으니
나는 부족한 몸이건만
내가 간구하지 않은 기도까지 모두 응답되었습니다.

나는 만인 중에서
가장 풍족한 축복을 얻었습니다.

— 미국 남북전쟁 당시 남부 무명 군인

1월

넷째 주

내 의의 하나님이여
내가 부를 때에 응답하소서
곤란 중에 나를 너그럽게 하셨사오니
내게 은혜를 베푸사 나의 기도를 들으소서
인생들아 어느 때까지 나의 영광을 바꾸어 욕되게 하며
헛된 일을 좋아하고 거짓을 구하려는가
여호와께서 자기를 위하여 경건한 자를
택하신 줄 너희가 알지어다
내가 그를 부를 때에 여호와께서 들으시리로다
너희는 떨며 범죄하지 말지어다
자리에 누워 심중에 말하고 잠잠할지어다
의의 제사를 드리고 여호와를 의지할지어다

시편 4:1~5

만복의 근원 하나님!

저희를 사랑하셔서 화목제물로 예수 그리스도를 보내시고 또한 단번에 제물 되게 하셔서 그 피값으로 저희들을 구속하여 주심을 감사드립니다. 자기 십자가를 지고 나를 따르라 말씀하셨사오니 주님의 고난을 기억하며 한 주간도 승리하게 하옵소서.

긍휼을 베푸시는 사랑의 하나님 아버지!
저희 죄를 고백합니다. 기도해야 하는 시간에 기도하지 않았고, 참고 기다려야 하는 시간에 기다리지 못하고 분노했던 죄를 용서하여 주옵소서. 조금 선한 일을 했다고 인정해 주기를 원했고 봉사했다고 나 자신을 드러내길 원했던 타락한 저희 죄성을 용서하셔서 깨끗한 심령이 되게 하여 주옵소서.

오직 믿음의 주요 온전케 하시는 주님만을 바라보고 살게 하시고 사람을 바라보다가 실망하거나 낙심하지 않도록 도와주옵소서. 오늘 예배를 통하여 저희가 회개하며 자복하여 주님과 연합할 수 있게 되기를 바라며 주께서 저희 삶 가운데서 친히 주장하시기를 원하나이다.

거룩하신 하나님!
저희에게 제자들의 발을 친히 씻겨 주시며 "너희도 가서 이와 같이 행하라" 하셨사오니 순종하게 하셔서 십자가의 사랑을 실천할 수 있는 헌신의 마음을 갖게 도와주옵소서.

주님이 자신을 위하여 아무것도 취하지 않으셨던 것처럼 저희도 모든 것으로 하나님 아버지께 헌신하게 하시고 하나라도 저희 것으로 쌓아놓지 않도록 인도하시옵소서. 가난하지만 부요한 자가 되게 하시고 십자가의 정신이 살아 있는 삶을 살도록 도와주시옵소서.

오늘도 주님이 십자가 위에서 저희들을 위해 흘리신 보혈과 구속의 말씀을 증거하시기 위해 단 위에 서신 목사님을 기억하시고 불붙는 마음으로 말씀을 선포하게 하셔서 이곳이 회개와 참회의 자리가 되게 하여 주시옵소서. 저희를 죄에서 구원하신 예수님 이름으로 기도합니다. 아멘.

삶이 그대를 속일지라도

삶이 그대를 속일지라도
슬퍼하거나 노하지 말라.
우울한 날들을 견디며 믿으라.
기쁨의 날이 오리니

마음은 미래에 사는 것
현재는 슬픈 것
모든 것은 순간적인 것. 지나가는 것이니
그리고 지나가는 것은 훗날 소중해지리니

삶이 그대를 속일지라도
노하거나 서러워하지 말라.
절망의 날을 참고 견디면
기쁨의 날 반드시 찾아오리라.

마음은 미래에 살고
현재는 언제나 슬픈 법
모든 것은 한순간 사라지지만
가버린 것은 마음에 소중하리라.

삶이 그대를 속일지라도
슬퍼하거나 노여워하지 말라
설움의 날은 참고 견디면
기쁨의 날이 오고야 말리니

마음은 미래에 살고
현재는 언제나 슬픈 것
모든 것은 순식간에 지나가고
지나간 것은 또다시 그리움이 되리라.

  - 푸쉬킨

1월

다섯째 주

하늘이 하나님의 영광을 선포하고
궁창이 그의 손으로 하신 일을 나타내는도다
날은 날에게 말하고 밤은 밤에게 지식을 전하니
언어도 없고 말씀도 없으며 들리는 소리도 없으나
그의 소리가 온 땅에 통하고
그의 말씀이 세상 끝까지 이르도다
하나님이 해를 위하여 하늘에 장막을 베푸셨도다
해는 그의 신방에서 나오는 신랑과 같고
그의 길을 달리기 기뻐하는 장사 같아서
하늘 이 끝에서 나와서 하늘 저 끝까지 운행함이여
그의 열기에서 피할 자가 없도다

시편 19:1~6

영원토록 영광을 받으시기에 합당하신 하나님

겸손한 자를 구원으로 아름답게 하시며 교만한 자를 낮추어 비천하게 하시는 공의의 하나님께 영광과 찬양을 드립니다. 지난 한 주간 동안 저희를 지켜주시고 또 주일을 맞이하여 지친 몸과 영혼을 주님의 날개 아래 안식할 수 있도록 불러주시니 감사드립니다.

거룩하신 주님, 주께 소망을 두지 않는 영혼은 물 위에 떠다니며 방황할 뿐인데 저희가 세상의 욕심과 염려 때문에 주께로 가지 못하고 있습니다. 주여, 저희의 어리석음을 용서하여 주시고 바른 곳으로 이끌어 주시옵소서.

오늘 주님 앞에 정직한 마음으로 서게 하시고 신령과 진정으로 예배하게 도와주옵소서. 오로지 거룩하신 주님만 찬양하게 하시고 저희 욕심은 잊어버리게 하옵소서. 온 세상은 주의 영광으로 둘러쳐져 있습니다. 저희가 그것을 잊지 않게 하시고 날마다 찬양하게 하여 주시옵소서.

주여, 오늘 예배에 여러 가지 사정으로 참석하지 못한 성도들이 있습니다. 그들이 어디에 있든지 주님을 기억하게 하시고 그 자리에서 잠시나마 예배하게 하시옵소서.

찬양 중에 거하시는 주여, 온 마음으로 드리는 찬양을 받으시고 성령을 허락하셔서 세상을 살아가며 승리할 힘을 허락하여 주옵소서.

저희 교회를 붙드시고 맡은 사명을 잘 감당하게 하옵소서. 사람으로 움직이는 교회가 되지 않게 하시고 성령으로 살아 있는 교회가 되게 하여 주시옵소서. 영혼을 구원하는 일에 힘을 모으게 하시고 불의와 타협하지 않도록 도와주시옵소서.

오늘 예배를 돕는 손길과 말씀을 들고 선 목사님에게 함께 하시어 온전한 예배를 드릴 수 있도록 인도하여 주시옵소서. 감사드리며 예수님 이름으로 기도합니다. 아멘.

가진 것이 많을수록

가진 것이 많을수록
줄 수 있는 것은 적습니다.
가난이야말로 놀라운 선물이며
우리에게 자유를 줍니다.

제가 남보다 부유하다고 생각될 때
저는 두렵습니다.
주님께서는 가난한 자를 사랑하시기 때문입니다.

제가 남보다 높다고 생각될 때
저는 두렵습니다.
주님께서는 낮은 자를 사랑하시기 때문입니다.

제가 남보다 지혜롭다고 생각될 때
저는 두렵습니다.
주님께서는 지혜로운 자를 부끄럽게 하시기 때문입니다.

제가 남보다 선하다고 생각될 때
저는 두렵습니다.
주님께서는 죄인을 사랑하시기 때문입니다.

— 마더 테레사

2월
첫째 주

주의 손가락으로 만드신 주의 하늘과
주께서 베풀어 두신 달과 별들을 내가 보오니
사람이 무엇이기에 주께서 그를 생각하시며
인자가 무엇이기에
주께서 그를 돌보시나이까
그를 하나님보다 조금 못하게 하시고
영화와 존귀로 관을 씌우셨나이다
주의 손으로 만드신 것을 다스리게 하시고
만물을 그의 발 아래 두셨으니
곧 모든 소와 양과 들짐승이며
공중의 새와 바다의 물고기와
바닷길에 다니는 것이니이다
여호와 우리 주여
주의 이름이 온 땅에 어찌 그리 아름다운지요
시편 8:3~9

사랑과 은혜가
풍성하신 하나님!

저희에게 왕으로 오신 주님을 생각할 때마다 하나님을 찬양합니다. 저희의 찬양과 감사와 경배를 받으시옵소서. 이제는 죄악과 시기와 불의함이 저희 안에 거하지 못하게 하셔서 오직 산 소망과 생명만 있게 하옵소서.

이 시간 주님께서 저희와 항상 함께 하심에도 믿음이 연약하여 평안을 잃고 두려워했던 것을 고백합니다. 주께서 저희 믿음 없음을 용서하시고 세상을 이길 믿음과 담대함을 허락하여 주시옵소서.

주님! 마귀는 우는 사자와 같이 삼킬 자를 두루 찾으며 위협하고 있다고 했습니다. 저희로 하여금 주님의 성결함을 지키게 하시고 세상과 타협하지 않게 하시며 주의 능력을 사모하여 능히 대적할 수 있도록 인도하여 주시옵소서.

"나는 부활이요 생명이니 나를 믿는 자는 죽어도 살겠고 무릇 살아서 나를 믿는 자는 영원히 죽지 아니하리라"고 하신 주님의 말씀을 잊지 않게 하시고 세상의 두려움과 위협 앞에 당당히 맞서게 하옵소서.

등경 위에 있는 등불이 되어 오히려 어두운 세상의 죄악을 물리치고 주님의 사랑과 은혜를 증거하는 전도자가 되게 하시옵소서.

이 시간 하나님의 말씀을 대언하는 목사님 위에 함께 하시고 입술의 권세를 허락하사 하늘의 큰 역사가 저희 교회에 임하게 하여 주시옵소서. 하나님을 찬양하는 성가대와 여러 모습으로 봉사하고 헌신하는 수많은 손길들에 은혜를 허락하여 주시고 온전히 주께 드리는 하루가 되게 하여 주시옵소서.

　거룩하신 예수 그리스도 이름으로 기도합니다. 아멘.

주님을 닮게

제가 살고 있는 이 하늘과 땅에서
한 번 살고 가신 그 복된 생애를
늘 기억하게 하소서.

섬김을 받기보다는 섬기려 하셨던 그분의 의지,
모든 종류의 아픔에 대해 보이셨던 사랑의 관심,
당신 자신의 고난 앞에서 드러내셨던 담대함,
모욕을 모욕으로 갚지 않으셨던 온유한 참으심,
당신께 맡겨진 사명을 향한 견고한 지향,
그 단순한 삶,
자기 통제력,
그 평정심,
하나님에 대한 절대적 신뢰.

오, 하나님.
그분의 발자취를 따르도록
제게 은혜를 주소서.

— 존 베일리

2월

둘째 주

내가 전심으로
여호와께 감사하오며
주의 모든 기이한 일들을 전하리이다
내가 주를 기뻐하고 즐거워하며
지존하신 주의 이름을 찬송하리니
내 원수들이 물러갈 때에
주 앞에서 넘어져 망함이니이다
시편 9:1~3

생명을 지켜주시는 하나님!

저희 생명을 죽음에서 구속하신 사랑의 주님,
인자와 긍휼로 기쁨의 면류관을 씌우시고 저희 부정한 입술을 정하게 하사 이 땅에 예수 그리스도를 보내어 구속의 사역을 완성하심을 감사드립니다.

주님을 모른다고 부인했던 베드로처럼 주님을 팔았던 유다처럼 우리의 생활 속에서 주님을 부인하고 팔았던 우리들을 십자가의 은혜로 용서하여 주옵소서. 경건의 모양은 있으나 능력이 없습니다. 저희들에게 성령으로 충만케 하셔서 능력 있는 삶을 살게 하옵소서.

전능하신 하나님!
저희의 예배를 기쁘게 받아주시옵소서. 드리는 예물 또한 기쁘게 받으시고 봉사와 헌신도 기뻐 받으시기를 원합니다. 하나님께 예배를 드리는 손길에 복을 주시되, 차고 넘치는 복을 허락하여 주시고, 하나님의 사역을 위하여 봉사하는 손길들 위에도 천국의 보화가 쌓이게 복을 허락하여 주옵소서.

저희에게 믿음을 더하시고 사랑의 은사를 더하여 주사 오직 하나님의 사역을 위해 헌신하게 하옵소서. 또한 성도된 저희가 서로 사랑하게 하소서.

설교를 통하여 주시는 하나님의 말씀을 듣기 원합니다. 읽는 자와 듣는 자, 지켜 행하는 자에게 복이 있다고 하신 말씀처럼 주님의 말씀을 읽고 듣고 가슴에 새겨 지켜 행할 수 있는 능력을 허락하옵소서.

한 주간 동안 목사님의 사역에 함께 하셔서 병든 자에게 손을 얹은 즉 낫게 하시고, 귀신이 떠나가며, 성령이 임하는 권능을 허락하여 주시옵소서. 예수님의 이름으로 기도합니다. 아멘.

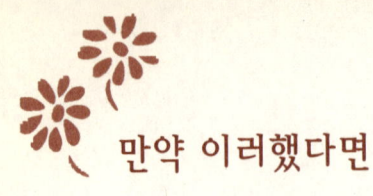

만약 이러했다면

오늘 만약 제가 어떤 사람의 마음을 상하게 했다면,
만약 제가 어느 누구의 발자국 하나라도
빗나가게 했다면,
만약 제가 저의 고집대로만 살아왔다면,
자비로우심 주님, 용서하소서.
만약 제가 쓸데없거나 헛된 말을 하였다면,
만약 제 자신이 시련으로 고통 받지 않으려고
결핍이나 고통을 외면하였다면,
자비로우신 주님, 용서하소서.
만약 제가 고집을 부렸거나 모질었거나 냉정하였다면,
만약 당신께서 제가 지켜야 할 곳을
저에게 주셨을 때에도
당신의 우리 속에서 안식처를 구하였다면,
자비로우신 주님, 용서하소서.
당신께 고백한 이 모든 죄를 용서하소서.
제가 알지 못하는 감추어진 죄를 용서하소서.

— 찰스 H. 가브리엘

2월

셋째 주

여호와여
주는 겸손한 자의 소원을 들으셨사오니
그들의 마음을 준비하시며
귀를 기울여 들으시고
고아와 압제 당하는 자를 위하여 심판하사
세상에 속한 자가
다시는 위협하지 못하게 하시리이다
시편 10:17,18

오래 참으시는 하나님

　인간을 사랑하사 예수 그리스도를 대속으로 십자가에 내어주시고, 사랑으로 우리를 구속하신 은혜를 감사합니다.
　우리의 심령이 이 시간 주님만을 향하게 하시고 주님이 고난을 당하실 때 외면했던 베드로와 제자들같이 주를 부인하는 삶을 살아가지 않도록 지켜주시옵소서.

　우리들의 죄악이 주님을 순간순간 부인하오니 용서하여 주옵소서. 멸망 가운데 죽을 수밖에 없었던 우리 영혼을 구속하시기 위해 이 땅에 오셔서 고난을 당하신 주님을 기억하오니 저희의 삶을 성령께서 지키시고 우리의 길을 인도하여 주옵소서.

　거룩하신 하나님 아버지!
　저희에게 악을 행하는 자들을 주님께 맡길 수 있는 믿음과 지혜를 허락하시고, 심판하시는 권한이 하나님 아버지께 있음을 인정하는 믿음을 허락하여 주옵소서. 세상의 죄악 가운데 버림받을 수밖에 없던 저희로 하나님 나라의 일꾼 삼아주심을 감사드립니다.

　맡은 사명마다 힘과 정성을 다하여 충성하게 하시어 잘 감당하도록 인도하옵소서. 지금도 어려움에 넘어지고 쓰러지는 많은 성도들을 기억하시고 주님을 믿는 믿음과 소망과 긍휼을 베푸사 다시금 승리할 수 있도록 은혜를 베풀어 주시옵소서.

저희가 고난을 당할 때 주님의 고난을 기억하게 하시고 그 안에서 감사가 끊이지 않도록 복을 허락하여 주옵소서.

사랑의 하나님.
저희의 예배를 기쁘게 받아주시고 오직 홀로 영광 받으시고 찬양 받으소서. 오늘 말씀을 전하고자 단 위에 선 목사님에게 함께 하셔서 성령 충만함 속에서 강력한 주님의 진리를 선포할 수 있도록 도와주시옵소서. 예수 그리스도 이름으로 기도합니다. 아멘.

당신이 된 것은……

당신이 당신이 된 것은 이유가 있지요.
당신은 하나님의 신묘막측한 계획의 한 부분이에요.
당신은 소중하고 완벽하고 독특하게 만들어졌으며
하나님은 당신을 그분의 특별한 여자와 남자로 부르고 있죠.

존재의 이유를 추구하는 당신.
그러나 실수하지 않으시는 하나님.
어머니의 자궁 안에서부터 손수 당신을 지으신 그분,
그러기에 당신은 그분이 원하는 바로 그 사람이지요.

당신의 부모님도 그분이 선택하셨어요.
지금 당신이 어떻게 느끼든
하나님의 빈틈없는 계획대로 그들을 선택하사
그들의 손에 주님의 확인 도장을 찍어주신 것이죠.

물론 당신이 당한 고통 견디기 쉽지 않겠지만
하나님 역시 당신이 마음 상했을 때 눈물 흘리셨어요.
하지만 그것을 통해 당신의 마음이
하나님의 형상을 따라 닮아가고 성장하길 원하셨죠.

당신이 당신이 된 것은 이유가 있지요.
주님의 지팡이로 지어진 당신.
당신이 사랑받는 당신이 된 이유는
하나님이 계시기 때문이죠.

— 러셀 켈퍼

2월

넷째 주

여호와여 어느 때까지니이까
나를 영원히 잊으시나이까
주의 얼굴을 나에게서 어느 때까지 숨기시겠나이까
나의 영혼이 번민하고 종일토록 마음에 근심하기를
어느 때까지 하오며
내 원수가 나를 치며 자랑하기를 어느 때까지 하리이까
여호와 내 하나님이여
나를 생각하사 응답하시고 나의 눈을 밝히소서
두렵건대 내가 사망의 잠을 잘까 하오며
두렵건대 나의 원수가 이르기를
내가 그를 이겼다 할까 하오며
내가 흔들릴 때에 나의 대적들이 기뻐할까 하나이다
나는 오직 주의 사랑을 의지하였사오니
나의 마음은 주의 구원을 기뻐하리이다

시편 13:1~5

사랑의
하나님 아버지!

하나님께 영광과 찬송과 감사를 올려 드립니다.

거룩하신 하나님!
부족한 저희를 하나님의 거룩한 전에 나오게 하시며 하나님께 영광과 찬양을 드리게 하심을 감사드립니다.

저희 죄가 주홍같이 붉을지라도 양털같이 희게 하시겠다고 하신 약속을 믿습니다. 죄를 용서하심이 주께 있사오니 저희의 죄를 주님 앞에 고백합니다. 주여, 저희를 용서하여 주옵소서. 성령의 은혜로 저희 마음을 감동하사 가슴을 찢어 통회하는 시간이 되게 하여 주옵소서.

사랑이 많으신 하나님!
저희에게 주신 많은 은혜를 기억하게 하사 주께 감사하며 주를 찬양함이 끊이지 않도록 도와주옵소서. 주께서 저희를 사랑하심으로 고난도 허락하시는 줄 믿습니다. 오늘 닥친 어려움들이 저희를 절대 넘어뜨릴 수 없음 또한 믿습니다. 그러나 저희의 연약함이 주님의 선하심과 동일하심을 증거하지 못하게 합니다.

저희의 믿음 없음을 용서하여 주시고 고난을 이겨낼 수 있는 견고한 믿음을 허락하여 주옵소서. 세상 앞에서 두려움에 떨지 않도록 하시고 오로지 주님의 계획과 사랑을 믿고 담대히 나아가게 하소서.

특별히 하나님께서 저희에게 허락하신 귀한 목사님을 위하여 기도하오니 겸손과 순종으로 최선을 다하여 섬기게 하시고 주님의 말씀을 대언할 때 큰 은혜를 더하셔서 말씀 듣는 모든 이들이 주님의 능력과 사랑을 경험하게 하옵소서. 저희 모든 삶을 주께 맡기며 사랑이 많으신 예수님 이름으로 기도합니다. 아멘.

 ## 감사

나의 하나님!
당신께서 나에게 주시는 나날에,
얼마나 당신께서 나를 사랑하시는가를
맛볼 수 있는 나날에,
나에게 갈 길을 밝혀 주시는 불빛에,
어두운 세계 속에 깃드는 모든 햇살에,
불안할 때 주시는 위로에,
주여! 내 가슴의 감사와 찬양을 받으소서.

앞날이 불안스레 여겨질 때에도
당신께선 이미 나를 위해 희망을 예비하셨습니다.
비참함이 오늘의 나를 짓누를지라도
내일이면 거두어질 것을 믿습니다.
나 어디를 가든지,
당신의 팔이 나를 감싸 주시리라 믿습니다.
당신은 나를 홀로 두지 않으시니
이 얼마나 감사한 일입니까?

— 루이제 하이쉬 롤프

3월
첫째 주

여호와께서 하늘에서 인생을 굽어살피사
지각이 있어 하나님을 찾는 자가 있는가 보려 하신즉
다 치우쳐 함께 더러운 자가 되고
선을 행하는 자가 없으니 하나도 없도다
죄악을 행하는 자는 다 무지하냐
그들이 떡 먹듯이 내 백성을 먹으면서
여호와를 부르지 아니하는도다
그러나 거기서 그들은 두려워하고 두려워하였으니
하나님이 의인의 세대에 계심이로다
너희가 가난한 자의 계획을 부끄럽게 하나
오직 여호와는 그의 피난처가 되시도다

시편 14:2~6

거룩하신 하나님!

저희를 지극히 사랑하셔서 귀한 아들을 십자가에서 죽이사 구원의 길을 허락하신 하나님의 크신 은혜를 감사합니다. 오늘도 하나님의 전에 나와 저희의 삶을 돌아보며 주 앞에 무릎 꿇습니다.

세상을 살아갈 때 하나님의 영광을 드러내며 빛과 소금의 역할을 감당해야 함에도 저희 욕심과 어리석음과 불안함으로 한 번도 뜨겁게 살지 못했음을 고백합니다. 저희가 부패하고 행실이 가증하며 선을 행하지 못했사오니 주여, 용서하여 주옵소서.

오늘 예배에서는 저희의 현실을 바로 보게 하시고 신령과 진정으로 하나님을 만나게 하옵소서. 거짓을 버리고 세상살이의 두려움을 내려놓으며 하나님께서 저희의 삶을 온전히 인도하고 계심을 확신하게 하옵소서.

어떤 환경에서도 실족하지 않게 하시고 주님을 바라봄으로 날마다 구원을 체험하게 하옵소서. 작은 시련에도 삶의 중심이 이리저리 흔들리는 저희의 인생을 긍휼히 여기사 하나님만 바라볼 수 있는 믿음을 더하여 주옵소서. 또한 주님을 믿고 따르는 저희들이 세상에서 주님의 명령을 지킬 수 있는 복을 허락하여 주옵소서. 부활하신 주님과 날마다 영적인 교제를 나누게 하시고 이생의 안목과 정욕으로 이끌려 좌초하는 인생으로 살지 않게 하시며 능력의 주님을 온전히 의지하여 믿음이 온전케 되게 도와주옵소서.

하나님께서 세우신 기관들이 많이 있습니다. 충성과 봉사로 주님께 늘 쓰임받는 기관들이 되게 하시고 하나님의 영광이 만방에 드러날 때까지 헌신하게 도와주옵소서.

이 시간 모인 모든 심령들이 살아계신 하나님의 말씀의 능력을 체험하기를 바라며 거룩하신 예수님 이름으로 기도합니다. 아멘.

주님 없이는

저 가는 곳마다
주님을 만날 수 있게 하소서.
아름다움이 불길 속의 내 혼에 있다 할지라도
주님의 가장 가까이에 서 있게 하소서.
오직 주와 함께 있을 때의 기쁨을 알게 하소서.
주 여호와여,
나는 이 곤고함에서 주의 도우심을 구하옵니다.
이 순간 내 영혼이 피곤하나이다.
오직 새 힘과 은혜를 내리소서.
내 영혼의 신령함을 주신 주님이시여!
육신의 연약함과 실수를 없게 하시고,
포로같이 슬프게만 살지 않게 하소서.
나는 어떻게 해야 자신을 지킬 수 있사오리까?
주님 없이는
나의 모든 선함도 실패가 되고 맙니다.
운명의 제단에서
하나님 은총만을 의지하옵니다.

― 미켈란젤로

3월

둘째 주

여호와여 주의 장막에 머무를 자 누구오며
주의 성산에 사는 자 누구오니이까
정직하게 행하며 공의를 실천하며
그의 마음에 진실을 말하며
그의 혀로 남을 허물하지 아니하고
그의 이웃에게 악을 행하지 아니하며
그의 이웃을 비방하지 아니하며
그의 눈은 망령된 자를 멸시하며
여호와를 두려워하는 자들을 존대하며
그의 마음에 서원한 것은 해로울지라도 변하지 아니하며
이자를 받으려고 돈을 꾸어 주지 아니하며
뇌물을 받고 무죄한 자를 해하지 아니하는 자이니
이런 일을 행하는 자는 영원히 흔들리지 아니하리이다

시편 15:1~5

거룩하신
하나님 아버지

저희를 죄에서 건지시기 위해 아들을 십자가에 내어주신 하나님의 사랑과 은혜에 감사와 찬양을 드립니다. 한 주간 살면서 세상에 물든 영혼을 씻기시고 거룩한 성령으로 충만하게 하옵소서.

저희의 삶은 불의와 거짓과 눈속임으로 가득 차 있습니다. 그것을 마음에 깨닫지도 못할 뿐 아니라 저희도 그렇게 살아가고 있습니다. 이 시간 거룩하신 하나님 앞에 불의한 삶을 고백하오니 용서하여 주옵소서.

정직하게 행하며 공의를 실천하며 마음에 진실을 말하는 자가 주의 장막에 머무른다는 말씀을 가슴에 깊이 새기고 세상을 거꾸로 살아가더라도 주께 순종하게 하옵소서.

기도와 말씀과 찬양이 저희 생활의 전부가 되게 하옵시고 저희의 생활을 통해 이웃에게 하나님의 거룩하심과 진실하심을 전하게 하옵소서. 또한 저희의 삶을 복되게 하시고 풍성하게 하옵소서.

믿지 않는 사람들이 볼 때 하나님을 믿는 사람으로 당당할 수 있도록 도와주옵소서. 저희의 능력과 지식을 통해서가 아닌 하나님의 은혜로 저희가 살아가고 있음을 보여주게 하옵소서.

겸손하며 온유하기를 바랍니다. 화내지 않고 사랑을 전하길 원합니다. 찢기고 상한 심령을 회복시키고 위로하기를 원합니다. 저희가 그렇게 살게 하여 주옵소서.

은혜가 많으신 하나님.
오늘 예배를 위하여 돕는 손길들이 많이 있습니다. 그들에게 하늘의 복을 허락하시고 항상 기쁨이 넘치게 하옵소서. 단 위에 서신 목사님에게 큰 능력을 허락하셔서 하나님께서 주신 지혜를 은혜롭게 선포하게 하옵소서. 모든 순서를 주께 맡기며 예수님 이름으로 기도합니다. 아멘.

닮아가게 하소서

주님,
저희로 당신의 생애를 보게 하셔서
제 삶을 향한 당신의 뜻을 알게 하소서.
당신처럼 저도 선한 법의 교사가 되게 하소서.
당신처럼 저도 기적적인 치유를 행하게 하소서.
당신처럼 저도 하나님 나라를 설교하게 하소서.
당신처럼 저도 가난한 사람들과 아이들을
사랑하게 하소서.
당신처럼 저도 세상이 그들 방식대로
대응하도록 유혹할 때 침묵하게 하소서.
당신처럼 저도 기꺼이 당하게 하소서.
당신은 저희와 같지 않은 하나님의 아들이시니
제가 당신과 온전히 같아질 수 없음은 당연합니다.
저로 하여금 그 다름을 귀하게 여겨
그 부활의 능력으로 당신을 닮아가게 하소서.

― 스탠리 하우어스

3월

셋째 주

나를 훈계하신 여호와를 송축할지라
밤마다 내 양심이 나를 교훈하도다
내가 여호와를 항상 내 앞에 모심이여
그가 나의 오른쪽에 계시므로
내가 흔들리지 아니하리로다
이러므로 나의 마음이 기쁘고 나의 영도 즐거워하며
내 육체도 안전히 살리니
이는 주께서 내 영혼을 스올에 버리지 아니하시며
주의 거룩한 자를 멸망시키지 않으실 것임이니이다
주께서 생명의 길을 내게 보이시리니
주의 앞에는 충만한 기쁨이 있고
주의 오른쪽에는 영원한 즐거움이 있나이다

시편 16:7~11

만유의 주인이신
하나님 아버지

오늘도 저희로 하여금 하나님의 사랑 안에 모이게 하시고 예배하게 하심을 감사드립니다. 거룩하신 하나님 앞에서 저희가 거짓을 버리고 진실한 모습으로 서게 하옵소서.

저희는 어리석고 부족하지만 은혜 베푸시며 사랑 많으신 하나님을 사모하여 나왔습니다. 세상에 살면서 더럽혀진 마음과 몸을 씻겨주시고 그리스도의 보혈로 용서하여 주시옵소서. 날마다 하나님을 경외하며 살려고 노력하지만 어느새 세상을 좇아 살고 있는 저희를 발견합니다. 오늘 주님 크신 은혜를 경험하고 말씀에 감동받아 떠난 죄의 자리로 다시 돌아가지 않게 하시고 성령 충만함 속에 살게 하옵소서.

저희의 발걸음을 인도하시는 하나님. 그리스도인으로 세상을 산다는 것이 그리 호락호락하지 않습니다. 날마다 닥치는 어려움과 걱정들이 저희를 앞서고 고난과 핍박도 따릅니다. 하지만 주여, 저희가 주를 따르기로 마음에 작정하고 주께 피하오니 은혜와 평강을 허락하사 능히 여러 시험을 이기게 하옵소서.

주 외에는 저희에게 아무런 의미가 없고 성도들의 교제만큼 큰 기쁨도 없습니다. 주께서 예비하신 자리에 서게 하시고 주께서 인도하시는 길로 가게 하옵소서.

세상이 너무 두려워 다른 길에 설 때라도 주님이 부르시는 음성을 듣고 곧 돌이키게 하옵소서. 어렵고 고통스러운 일이 닥칠지라도 주를 부르며 하나님을 찬양하겠사오니 저희를 긍휼히 여기사 평안을 허락하여 주옵소서.

예배를 돕는 많은 손길들 위에 은혜를 더하시고 그들의 헌신이 평생토록 주께 드려질 수 있도록 도와주옵소서. 오늘 선포되는 말씀으로 저희의 마음이 뜨거워지게 하시고 크신 능력을 경험하도록 도와주옵소서. 이 모든 말씀 예수 그리스도 이름으로 기도합니다. 아멘.

고통을 어루만지시는 하늘의 손길

그 누가 너를 날개 찢긴 새라 부르는가.
아직은 너의 노래에 향기를 채워 줄
꽃그늘이 무성히 햇살을 흔들어 대지 않는가.
너의 소리에 가락을 실어 줄
초록의 숨결이 흙 속에 밑둥을 틀지 않는가.

너의 날개 잘리우는 아픔을 바라보며
울어 주는 이 없을지라도
그대여,
하늘이 펼쳐 놓으신
저 맑디맑은 꽃그늘에 너의 눈물을 내려놓고
초록의 숨결 모두어
상처 깊은 가슴을 싸매어라.

모질게 휘청거리던 눈물일지라도
너의 노래 속에 뿌리 내려
더욱 단단한 노래가 되리니
그러면 너의 속살에도 높은 곳을 향하여 흐르는
꽃빛이 여물지 않겠는가.
새 순(筍) 돋듯 청청히
날개가 휘오르지 않겠는가.

— 송용구

3월

넷째 주

나의 힘이신 여호와여
내가 주를 사랑하나이다
여호와는 나의 반석이시요 나의 요새시요
나를 건지시는 이시요 나의 하나님이시요
내가 그 안에 피할 나의 바위시요
나의 방패시요 나의 구원의 뿔이시요
나의 산성이시로다
내가 찬송 받으실 여호와께 아뢰리니
내 원수들에게서 구원을 얻으리로다

시편 18:1~3

온 세상을 말씀으로 창조하시고
귀하신 뜻으로 다스리시는 살아계신 하나님

주님의 사랑과 은혜 안에서 오늘 예배하게 하심을 감사드리며 경배와 찬양을 드립니다.

죄로 말미암아 죽어야 할 저희를 크신 사랑과 은총으로 구원하여 주시고 하나님의 귀한 백성으로 삼아주심을 감사드립니다. 지난 한 주간도 저희를 지켜주셔서 인도하심 속에 거하게 하시고 주님의 날을 맞아 예배하며 성도 간에 사랑으로 교제할 수 있도록 허락하시니 또한 감사드립니다.

고통당할 때 저희를 구원하시는 하나님 아버지.
사람들은 저마다 세상에서 더 강해지고 더 많이 가지려고 노력하며 분주하게 살아갑니다. 하지만 저희는 하나님의 은혜가 가장 귀하며 가장 값진 것임을 깨닫고 좇아갑니다. 그러나 더 힘이 센 자들이, 더 많이 가진 자들이 저희를 핍박하고 무시할 때도 있음을 고백합니다.

하나님, 그럴 때 저희가 세상을 향해 마음을 돌리지 않게 하시고 더욱 기도하며 말씀을 새기며 하나님의 길을 따르도록 도와주시옵소서.

예수님은 십자가의 수치와 고통을 당하면서도 오래 참으시고 결코 분노를 쏟아내지 않으셨음을 압니다. 저희도 주님의 사랑을 배우게 하시고 행하게 하옵소서.

저희가 약해질 때 힘이 되어 주시고 고통당할 때 구원하여 주옵소서. 세상이 저희를 굴복시키려 유혹할 때 결코 타협하지 않고 주님이 인도하시는 길을 따라 순종할 수 있게 하옵소서.

오늘 말씀 증거하시는 목사님에게 함께 하시고 피 묻은 십자가의 사랑을 온전히 전할 수 있게 하옵소서. 큰 은혜로 함께 하여 주실 줄 믿고 예수님 이름으로 기도합니다. 아멘.

# 평정의 기도

하나님
변화시킬 수 없는 일들이라면
겸허히 받아들일 수 있는 평정을 허락하시고
변화시킬 수 있는 일이라면
주저없이 고칠 수 있는 용기를 허락하여 주소서
그리고 이 두 가지를 구별할 수 있는 지혜를 주소서

하루 하루 충실히 살고 순간 순간을 충실히 즐기며
고난을 평화로 가는 길로 받아들이게 하소서

죄 많은 이 세상을 내 것처럼 여기지 않게 하시고
주님을 본받아 그저 있는 그대로 받아들이게 하소서

주님의 뜻에 순종하기만 하면
모든 것이 올바른 길로 인도된다는 것을 믿게 하소서

이번 삶에서 주어진 만큼 행복을 누리게 하시고
다음 삶에서는 주님과 함께 지고한 행복을 누리게 하소서
아멘

— 리인홀드 니버

4월

첫째 주

여호와의 율법은 완전하여 영혼을 소성시키며
여호와의 증거는 확실하여 우둔한 자를 지혜롭게 하며
여호와의 교훈은 정직하여 마음을 기쁘게 하고
여호와의 계명은 순결하여 눈을 밝게 하시도다
여호와를 경외하는 도는 정결하여 영원까지 이르고
여호와의 법도 진실하여 다 의로우니
금 곧 많은 순금보다 더 사모할 것이며
꿀과 송이꿀보다 더 달도다
또 주의 종이 이것으로 경고를 받고
이것을 지킴으로 상이 크니이다
시편 19:7~11

만군의 여호와 하나님

저희가 무엇이관대 이토록 사랑하셔서 십자가 사랑을 통해 구원의 길을 허락하시고 거룩하신 하나님과 교제하며 살게 하시는지 생각할 때마다 감사와 찬양을 드리지 않을 수 없습니다.

오늘도 거룩한 주일을 맞아 주 앞에 나와 경배하며 예배하오니 감사드립니다. 주께서는 저희를 고귀한 피로 사셨지만 저희의 삶은 주님을 떠나 스스로 왕 노릇하며 살아왔음을 고백합니다.

주여, 이 시간 저희의 더러운 죄를 용서하여 주옵소서. 그리스도인으로서 주님의 사랑을 전하며 살아야 했지만 세상살이에 급급해 저희의 이익만을 추구하며 살았습니다. 오늘 이런 저희 모습을 고쳐주시고 새로운 삶을 살 수 있도록 인도하여 주옵소서.

여호와의 율법은 완전하고 정결하여 송이꿀보다 더 달고 순금보다 더 사모할 것이라고 했습니다. 저희가 율법에 비추어 잘못된 것을 깨닫고 가슴 깊이 회개하여 다시는 죄가 저희 삶을 주장하지 못하게 도와주옵소서.

주님을 따르는 삶이 얼마나 귀하고 복된 것인지 깨닫게 하시고 다른 어떤 것과도 바꾸지 않을 다짐을 오늘 하게 하옵소서.

이 시간 특별히 주님의 피로 사신 교회를 위해 기도하오니 세상의 빛과 소금의 역할을 감당하게 하시며, 그리스도의 향기를 풍기게 하시고 저희의 행실을 보고 많은 사람들이 주님의 사랑을 깨닫게 하시옵소서.

성도 간에 서로 사랑함이 그리스도가 저희를 사랑함 같이 하기를 원하며 질병으로, 경제적 어려움으로 고통당하는 성도를 위해 한마음으로 기도하며 위로하는 천국이 되게 하여 주옵소서.

찬양대의 찬양을 받으시고 예배하는 저희의 마음이 주께 이르기를 간절히 원하며 예수 그리스도 이름으로 기도합니다. 아멘.

하나님이 내 손목을 꽉 잡고 계신다는 것을

위험으로부터 벗어나게 하옵소서 하고 기도하게 마옵시고,
위험에 처하여도 겁을 내지 말게 하옵소서 하고
기도하게 하옵소서

고통 속에서 벗어나게 해달라고 기도하지 말게 하옵시고,
고통 속에 처하여도 그 고통을 이길 수 있는 용기를 달라고
기도하게 하옵소서

인생의 싸움터에서 동료자를 찾게 해 달라고
기도하지 말게 하옵시고,
인생과 싸워서 이길 스스로의 힘을 달라고
기도하게 하옵소서.

근심스러운 공포 속에서 구원해 달라고 기도하게 마옵시고,
공포를 내가 싸워서 이길 용기를 달라고 기도하게 하옵소서.

겁장이가 되고 싶지 않습니다.
도와 주십시오.

너무너무 내가 기쁘고 성공했을 때만
하나님이 나를 도와 주신다고 생각하게 마옵시고,
매일매일 내가 슬프고 괴롭고
남이 나를 핍박하고 내가 배고플 때
하나님이 내 손목을 꽉 잡고 계신다는 것을 믿게 하옵소서.

— 타고르

4월

둘째 주

여호와여 나의 말에 귀를 기울이사
나의 심정을 헤아려 주소서
나의 왕, 나의 하나님이여
내가 부르짖는 소리를 들으소서
내가 주께 기도하나이다
여호와여 아침에 주께서 나의 소리를 들으시리니
아침에 내가 주께 기도하고 바라리이다

시편 5:1~3

영광과 찬송과 예배를 받으시기에
합당하신 하나님 아버지!

오늘 왕으로 입성하신 예수 그리스도를 기억하며 종려주일예배로 지키게 하심을 감사드립니다. 나귀를 타시고 입성하신 왕이신 주님을 기억하오니 저희의 마음이 오늘 낮아지고 낮아져서 겸손하고 평안한 마음이 되게 하시옵소서.

"호산나 다윗의 자손이여!"라고 외치며 주님을 찬양하던 무리들이 결국 주님을 십자가에 못 박는 배반자들이 되었듯 오늘 저희들도 주님을 찬양하던 입술로 주님을 부인하고 저주할까 두렵사오니 입과 가슴에 파수꾼을 세워 주님을 변함없이 사랑할 수 있도록 도와주옵소서.

고난의 십자가를 지기 위해 예루살렘에 들어가신 것을 생각하면 가슴이 아프나 그 십자가에서 죽음을 이기시고 승리하셨기에 저희에게 죄사함이 있고 영생이 있는 줄 압니다. 그 사건을 저희도 기억하여 승리를 믿으며 고난을 이겨낼 수 있도록 도와주시고 뒤로 물러가 침륜에 빠지지 않도록 인도하여 주옵소서.

아직도 주님을 본받기에 부족한 저희들을 긍휼히 여기시고, 주님의 십자가만을 붙잡고 어두운 세상을 십자가 사랑으로 밝히며 불꽃처럼 살아갈 수 있게 하여 주시옵소서.

하나님의 뜻으로 세우신 교회를 위하여 기도하오니 하나님의 거룩한 성도로서 본분을 잘 감당할 수 있게 하시고 말씀에 순종하게 하셔서 하나님의 교회를 세우는 일에 헌신할 수 있기를 바랍니다.

오늘 말씀 전하시는 목사님과 함께 하셔서 선포되는 말씀을 통하여 구속의 진리를 깨닫게 하시고 능력의 하나님을 체험하게 하여 주시옵소서.

오늘 드리는 예배를 시작으로 한 주간 삶이 주 앞에 영광이요 저희에게 은혜의 시간들이 되게 하시고 가는 곳마다 그리스도의 복음을 증거하는 전도자가 되게 하여 주옵소서. 왕이신 예수 그리스도의 이름으로 기도합니다. 아멘.

당신 안에 살게 하소서

사랑하는 주님,
저에게,
저 같은 자에게도
당신을 알게 하시고
사랑하게 하시고
주님 안에서 기뻐하게 하소서.
살아생전에 완전에 이를 수 없다 해도
매일 조금씩이라도
더 높은 단계로 나아갈 수 있게 하소서.
여기,
제 안에
주님을 아는 지식을 더하시어
마침내 완전하게 채우소서.
주님을 사랑하는 그 사랑이
날로 커지게 하시어
마침내 완전해지게 하소서.
저의 기쁨이 끊임없이 자라
주님 안에 넘치게 해주소서.

― 어거스틴

4월

셋째 주

내가 탄식함으로 피곤하여
밤마다 눈물로 내 침상을 띄우며 내 요를 적시나이다
내 눈이 근심으로 말미암아 쇠하며
내 모든 대적으로 말미암아 어두워졌나이다
악을 행하는 너희는 다 나를 떠나라
여호와께서 내 울음 소리를 들으셨도다
여호와께서 내 간구를 들으셨음이여
여호와께서 내 기도를 받으시리로다

시편 6:6~9

할렐루야
주님을 찬양합니다

저희 죄를 인하여 지신 십자가에서 사망 권세를 이기시고 부활하심을 찬양합니다. 하나님의 계획에 순종하셔서 하나님의 구속의 역사를 이루신 주님을 경배합니다.

주님께서 부활하심으로 말미암아 저희에게 참된 부활의 소망을 주시고, 교회를 굳게 세우셨음에도 저희들은 여전히 주님의 부활을 의심하여 널리 증거하지 못한 의심 많은 연약한 존재임을 고백합니다. 긍휼히 여겨 주시옵소서.

부활의 주님!
주님이 사랑하시고 친히 세우신 이 교회가 부활의 소망으로 넘쳐나게 하시옵소서. 이 교회를 찾는 자마다 부활의 주님을 만나게 하시고 소망을 갖게 하는 능력도 허락하여 주시옵소서.

다시 사신 부활의 주님을 찬양하며, 주님 앞에 드리는 예배에 주님이 함께 하실 줄 믿습니다. 또한 저희로 부활의 신앙으로 무장하게 하셔서 하나님의 영적 군사들이 되도록 인도하여 주시옵소서.

거룩하신 하나님!
오늘 단 위에 세우신 목사님 위에 날마다 새로운 힘을 얻을 수 있도록 복을 내려주시고 영육간에 강건함을 허락하시어 저희를 위하여 말씀을 준비할 때나 심방할 때, 기도할 때 주님이 허락하신 기쁨이 충만하게 하여 주시옵소서.

  예배를 돕는 손길들을 기억하시어 그들의 수고와 헌신이 헛되지 않기를 바라며 부활하신 주님을 만나는 그날까지 동일한 헌신과 봉사가 있게 하여 주시옵소서.

  예배의 시작과 끝을 주께 맡기오니 이 예배를 기쁘게 받아주시옵소서. 예수님 이름으로 기도합니다. 아멘.

원하는 것과 필요한 것

사랑하는 예수님,
제가 얼마나 간절히 기도해야 하는지요!
하지만 정직하게 말하자면,
기도할 마음조차 없는 때가 자주 있습니다.
제 마음이 나뉘어 있습니다.
제 마음은 이렇게 굳어져 있습니다.
이토록 자기중심적입니다.
예수님,
주님의 자비로써
제게 필요한 일을 제 마음이 원하도록 도와주소서.
그러면 즐거운 마음으로
해야 할 일을 하게 될 것입니다.
주님의 이름으로
주님을 위하여 기도드립니다.

– 리처드 포스터

4월

넷째 주

여호와여 진노로 일어나사
내 대적들의 노를 막으시며 나를 위하여 깨소서
주께서 심판을 명령하셨나이다
민족들의 모임이 주를 두르게 하시고
그 위 높은 자리에 돌아오소서
여호와께서 만민에게 심판을 행하시오니
여호와여 나의 의와 나의 성실함을 따라 나를 심판하소서
악인의 악을 끊고 의인을 세우소서
의로우신 하나님이 사람의 마음과 양심을 감찰하시나이다
나의 방패는 마음이 정직한 자를 구원하시는
하나님께 있도다
시편 7:6~10

참 생명이 되신 하나님!

사망의 권세를 이기시고 부활하심으로 영원한 승리를 주신 주님께 감사와 찬양을 돌립니다. 오늘 이 기쁜 부활주일에 저희를 위하여 죽으시고 부활하신 예수 그리스도가 생명의 자리에 계심을 믿고 주님 전에 나왔습니다. 믿음이 없이는 주님을 기쁘시게 못한다고 했는데 믿음 없는 저희를 용서하여 주시고 주님의 은혜 가운데 새로운 인생길을 걷게 하여 주시옵소서.

부활하신 주님의 뒤를 따라 죽어도 주를 위하여 죽고 살아도 주를 위하여 사는 믿음을 갖게 하여 주시옵소서. 소망 중에 고통을 이기며 환난을 극복하며 주님처럼 승리하며 살게 하시옵소서.

이 약한 심령에 부활의 신앙을 갖게 하셔서, 옛 행실을 벗고 주님의 구속의 사랑을 이웃에게 전할 수 있도록 인도하여 주옵소서. 믿음으로 승리의 삶을 살 수 있도록 도와주옵소서. 겨우내 죽었던 대지에 새 생명을 허락하시는 것처럼 우리에게도 그리스도의 부활로 말미암아 새로운 기쁨의 삶을 허락하시고 소망의 길로 인도하여 주옵소서.

세 번씩이나 주님을 부인하던 베드로가 부활하신 예수님을 만나고 성령의 충만함을 받았을 때 사명을 찾았던 것처럼 저희에게도 성령 충만을 허락하셔서 능력 있는 사명자들이 되게 하여 주시옵소서.

이 시간 잠자던 영혼이 깨어나게 하시고 믿음과 충성과 사랑이 식어가는 성도들이 회복되어 넘치는 기쁨에 감격하게 도와주시옵소서.

오늘도 부활의 메시지를 들고 단 위에 서신 목사님을 성령으로 붙드시고 권세 있는 말씀으로 저희 온 심령을 채우게 하여 주시옵소서. 사망 권세를 이기신 예수님 이름으로 기도합니다. 아멘.

잊지 말게 하소서

주님,
순수한 마음과 지혜로운 정신을 주셔서
주님 뜻대로 제 소임을 다하게 하옵소서.
거짓된 욕구로부터,
교만과 탐욕과 시기와 분노로부터
저를 구하소서.
주님께서 제게 주시는 것은 어떤 일이라도
기뻐 받게 하옵소서.
가난한 사람, 슬퍼하는 사람,
일할 수 없는 사람들을 섬기는 일에
적극적이게 하옵소서.
제가 감당할 수 있는 일을 정직하게 분별하게 하시고
할 수 없는 일은 기쁘고 겸손한 마음으로
다른 사람에게 맡길 수 있게 하옵소서.
언제나 잊지 말게 하옵소서.
주님께서 주시는 것 외에는 아무것도 소유할 수 없으며,
주님께서 하시는 일 외에는 아무 일도 할 수 없음을.

― 야곱 보엠

4월
다섯째 주

우리가 너의 승리로 말미암아 개가를 부르며
우리 하나님의 이름으로 우리의 깃발을 세우리니
여호와께서 네 모든 기도를 이루어 주시기를 원하노라
여호와께서 자기에게 기름 부음 받은 자를
구원하시는 줄 이제 내가 아노니
그의 오른손의 구원하는 힘으로
그의 거룩한 하늘에서 그에게 응답하시리로다
어떤 사람은 병거, 어떤 사람은 말을 의지하나
우리는 여호와 우리 하나님의 이름을 자랑하리로다
시편 20:5~7

살아계신
하나님 아버지

주께서 온 세상을 창조하시고 인류의 역사를 주관하심을 찬양하며 영광 돌립니다. 하나님을 부르지도 못할 영혼들인데 오로지 사랑하셔서 그리스도의 죽음으로 저희에게 생명을 허락하신 은혜를 생각하며 감사드립니다.

그러나 저희들은 지난 한 주간 동안 세상에서 실패하고 좌절하며 하나님의 이름을 위하여 살지 못했음을 고백합니다. 주님 앞에 정직하게 털어놓사오니 저희를 용서하시고 은혜를 허락하여 주시옵소서.

저희들이 걱정하고 근심하는 모든 것들은 약하고 적은 믿음 때문인 줄 압니다. 저희에게 큰 믿음을 갖도록 인도하여 주시고 담대히 주의 말씀을 순종하며 살아갈 수 있도록 도와주옵소서.

세상은 저희가 쉽게 살아가도록 결코 내버려두지 않을 것이지만 하나님이 계시기에 저희는 승리를 선포하며 이겨나가는 줄 믿습니다. 용기를 잃지 않게 하시고 마음속에 기쁨의 노래를 부르며 세상을 대할 수 있도록 도와주시옵소서.

하나님께서는 하나님의 백성인 저희들의 기도를 들으시고 곧 응답하실 것을 믿습니다. 유혹과 환난에 지지 않게 하시고 어렵고 힘들수록 주님을 의지하며 믿음을 굳세게 세워 나갈 수 있게 하여 주옵소서.

"여호와께서 자기에게 기름 부음 받은 자를 구원하시는 줄 이제 내가 아노니 그의 오른손의 구원하는 힘으로 그의 거룩한 하늘에서 그에게 응답하시리라"고 성경에 기록되어 있사오니 저희가 이 말씀을 믿습니다.

어떤 어려움이 닥쳐도 주님의 구원하심을 믿고 나아갈 수 있도록 도와주시옵소서. 저희를 언제나 사랑하시며 도우시는 예수님 이름으로 기도합니다. 아멘.

# 참으로 구할 것

주님, 주님은 저를 소유하시고 저는 주님을 소유합니다.
주님은 제게 믿음과 소망을 두셨고
저는 주님께 믿음과 소망을 두었습니다.
제 생명, 영예, 행복, 평화가 모두 주님께 있습니다.
주님은 매 순간 저를 보십니다.
저도 그렇게 주님을 보게 하소서.
생애 한순간만이라도
얼굴과 얼굴을 맞대어 주님을 뵙고 싶습니다.
그리 되면 제 모든 마음과 사랑을 드릴 수 있겠습니다.
제가 죽기까지 기다리지 마시고
이 땅에서 주님을 보도록 허락하소서.
미지근하고 냉담한 마음을 가진 제가
이런 호의를 입을 자격이 없음을 압니다.
주님, 이 호의를 입기에 합당하도록 저를 만들어 주소서.
제 마음이 주님을 받기에 합당하도록
제 영혼이 주님을 뵙기에 적합하도록 저를 만드소서.

– 시므온

5월

첫째 주

여호와는 나의 목자시니
내게 부족함이 없으리로다
그가 나를 푸른 풀밭에 누이시며
쉴 만한 물 가로 인도하시는도다
내 영혼을 소생시키시고
자기 이름을 위하여 의의 길로 인도하시는도다
내가 사망의 음침한 골짜기로 다닐지라도
해를 두려워하지 않을 것은 주께서 나와 함께 하심이라
주의 지팡이와 막대기가 나를 안위하시나이다
주께서 내 원수의 목전에서 내게 상을 차려 주시고
기름을 내 머리에 부으셨으니 내 잔이 넘치나이다
내 평생에 선하심과 인자하심이 반드시 나를 따르리니
내가 여호와의 집에 영원히 살리로다

시편 23:1~6

영원토록 동일하신 하나님

지난 한 주간 저희를 지켜주시고 보호하여 주심을 감사드립니다. 오늘 주의 날을 맞아 주께 한 주일을 맡기며 예배하게 하시니 또한 감사합니다.

자비로우신 주님!
주께서는 언제나 저희를 지켜 보호하시고 주님의 길을 보여주시지만 저희는 눈이 어둡고 귀가 얇아 세상에 기울어 스스로 어려움을 자초하고 있습니다. 저희를 용서하여 주옵소서.

주께서 저희의 목자 되시니 저희에게 부족함이 없는데 세상 사는 불안과 걱정으로 저희 마음은 평안할 날이 없습니다. 저희가 주님이 예비하신 푸른 풀밭과 물가에 거하며 하늘의 은혜와 사랑을 깊이 경험할 수 있도록 도와주옵소서.

또 어려움과 고난의 가시밭길을 걸어갈 때도 주께서 함께 하심으로 두려워하지 않고 저희를 안위하시는 주님의 지팡이와 막대기를 깨달을 수 있도록 지혜를 허락하시옵소서. 주께서 저희를 위하여 선하심과 인자하심으로 이끄시오니 평생 주님의 말씀 안에서 살아갈 수 있도록 도와주시옵소서.

은혜가 풍성하신 하나님.

오늘 예배에 참석한 모든 성도들에게 동일한 은혜를 허락하시고 함께 하시는 성령의 감동을 받아 주님의 백성으로 승리하며 세상을 살 수 있도록 하여 주시옵소서.

말씀 전하시는 목사님에게 함께 하시고 그의 입으로 선포되는 하나님의 말씀이 저희 가슴에 와 닿게 하시어 죄를 깨닫고 온전한 성도의 삶을 살게 하시옵소서.

저희가 온 마음으로 예배드리오니 흠향하시고 영광 받아 주시옵소서. 사랑이 많으신 예수 그리스도 이름으로 기도합니다. 아멘.

기도하는 소리를 듣게 해주세요

부모가 자녀를 위해 기도하는 소리를
아이들이 들을 필요가 있습니다.
아이들을 축복해 달라고
하늘의 능력으로 굳세고 바르게 해달라고
부모가 간절히 기도하는 기도의 소리들 말입니다.
그러면 아이들은 부모가 자신들의 세속적인 성공에만
관심이 있는 것이 아니라
자신들을 무한히 가치 있는 존재로
인정한다는 것을 깨닫게 될 것입니다.
바로 그것을 아는 것이 축복의 근원입니다.
아이가 넘어져서 무릎을 다치면,
울면서 부모에게로 달려올 것입니다.
그러면 아이들을 붙들고 기도해 주세요.
모든 상처는 하나님께 먼저 가는 것이 중요합니다.
그리고 나서 약을 바르고 반창고를 붙여도
절대로 늦지 않을 것입니다.

— 호프 플린치바흐

5월

둘째 주

문들아 너희 머리를 들지어다
영원한 문들아 들릴지어다
영광의 왕이 들어가시리로다
영광의 왕이 누구시냐
강하고 능한 여호와시요 전쟁에 능한 여호와시로다
문들아 너희 머리를 들지어다
영원한 문들아 들릴지어다
영광의 왕이 들어가시리로다
영광의 왕이 누구시냐
만군의 여호와께서 곧 영광의 왕이시로다
시편 24:7~10

죄로 말미암아 죽을 수밖에 없었던 저희를 살리신 하나님

십자가의 사랑과 희생을 감사드립니다. 그리스도께서는 세상의 섬김을 받으러 오신 것이 아니라 오히려 섬기려 하고 자기 목숨을 대속물로 주려고 오셨다고 했습니다. 흠도 없고 죄도 없으신 주님께서 저희를 대신하여 죽으신 것은 오로지 저희를 사랑하시기 때문인 줄 믿습니다.

그런 사랑을 받으면서도 저희는 아직도 죄의 구렁에서 헤어나지 못하고 있음을 가슴을 치며 회개합니다. 주여, 저희를 용서하여 주옵소서. 저희의 죄를 모두 씻어 주옵소서. 이제 저희가 죄의 길을 완전히 벗어나게 하시고 주의 은혜 안에 거하며 살게 하여 주옵소서. 날마다 말씀으로 새롭게 하시고 이웃들에게 주님의 사랑을 전하며 살아가게 하옵소서.

"여호와의 산에 오를 자가 누구며 그의 거룩한 곳에 설 자가 누구인가 곧 손이 깨끗하며 마음이 청결하며 뜻을 허탄한 데 두지 아니하며 거짓 맹세하지 아니하는 자로다"라고 말씀하셨습니다. 저희가 그렇게 되게 도와주시옵소서.

말씀에 비추어 저희의 죄를 발견하게 하시고 깨달은 만큼 회개하고 변화되게 하여 주시옵소서. 사람을 속이지 않게 하시고 청결하며 거짓을 버리고 허탄한 것을 구하지 않게 하옵소서.

하나님은 선하시며 저희를 사랑하시는 분임을 굳게 믿고 핍박이 닥쳐와도 주님께서 가르쳐 주시는 방법을 포기하지 않게 하옵소서. 굳건한 믿음을 가지고 죄의 유혹을 벗어나게 하시고 주와 함께 승리하게 하옵소서.

오늘 예배도 진실한 마음으로 드리게 하시고 주님의 말씀 앞에 무릎 꿇게 하옵소서. 찬양대의 마음을 받으시고 목사님의 헌신을 받으사 이 시간도 능력 있고 은혜로운 하나님의 말씀을 허락하여 주옵소서.

모든 것을 주께 의탁하며 살아계신 예수 그리스도 이름으로 기도합니다. 아멘.

가장 소중한 직업

주님,
자녀들과 함께 보내는 오늘이
나의 날임을 아는 지혜를 주옵소서.
자녀들의 생애에는
중요치 않은 순간이 없음이니이다.
이보다 더 소중한 직업은 없고
이보다 더 큰일도 없으며
이보다 더 시급한 과업이
있을 수 없기 때문입니다.
내가 이 일을 미루지도
소홀히 여기지도 말게 하옵시고
당신의 성령으로
자녀들을 돌보는 일을 기쁘고 즐겁게
받아들이게 하옵소서.
당신의 은혜로
이 시간이 길지 않음을 알게 하시고
바로 지금이 나의 시간임을 깨닫게 하소서.
아이들은 마냥 기다리지만은 않을 테니까요.

– 헬렌 M. 영

5월

셋째 주

너희 권능 있는 자들아
영광과 능력을 여호와께 돌리고 돌릴지어다
여호와께 그의 이름에 합당한 영광을 돌리며
거룩한 옷을 입고 여호와께 예배할지어다
여호와의 소리가 물 위에 있도다
영광의 하나님이 우렛소리를 내시니
여호와는 많은 물 위에 계시도다
여호와의 소리가 힘 있음이여
여호와의 소리가 위엄차도다
시편 29:1~4

거룩하신
아버지 하나님

　마음이 교만한 자를 흩으시고 겸손한 자를 사랑하시며 주린 자에게 은혜를 베푸시는 공의로우신 하나님을 찬양하며 영광을 돌립니다. 태초부터 저희를 사랑하시어 죄로 가득 찬 인생이지만 그리스도의 사랑으로 용서하시고 하나님의 백성으로 삼아 예배하게 하심을 감사드립니다.

　오늘 거룩한 주의 날을 맞아 성전에서 저희의 죄를 회개하고 주께 찬양드리며 예배하오니 놀라운 하늘의 복을 허락하여 주시고 성령 충만하게 하여 주옵소서.

　사랑 많으신 하나님.
　저희를 고귀한 주님의 피로 값주고 사셨으나 저희는 주 안에 온전히 거하지 못하고 세상을 사랑하고 사모하여 사사로운 욕심과 권세를 좇아 스스로 주인이 되어 살아왔습니다. 주께서는 복음의 증인으로 저희를 택하셨지만 이웃을 사랑하지 못하고 비교하며 질시하고 부족을 원망하기만 하며 살아왔습니다.

　주여, 이런 허물 앞에 저희가 가슴을 찢고 깊이 회개하기를 원합니다. 저희에게 이웃을 사랑하는 마음을 허락하시고 십자가를 지고 주님의 길을 가도록 도와주시옵소서.

온 세상이 주께서 이 세상의 주인이심을 알고 선포합니다. 주님의 섭리가 아니면 어느 것도 이루어질 수 없음을 저희로 알게 하시고 주의 말씀에 마음을 기울이고 순종하게 하여 주옵소서.

세상이 저희를 유혹하나 그곳은 결코 영원하지 못하며 잠시의 쾌락을 느끼게 할 뿐이고 결국 사망의 길로 치닫게 할 것입니다. 저희가 마음을 굳게 하여 죄를 뿌리치게 하시고 거룩한 하나님을 따르게 하여 주옵소서.

은혜로우신 주님.
오늘 예배를 위해 기도합니다. 오로지 성령 안에 거하게 하시고 세상의 갖은 걱정 모두 내려놓고 하나님의 거룩하심을 찬양하며 진심으로 예배드리게 하옵소서.

선포되는 말씀으로 저희 죄악을 찔러 주시고 완악한 마음이 깨어지게 하옵소서. 모든 순서를 주께 맡기며 거룩하신 예수 그리스도 이름으로 기도합니다. 아멘.

아들을 위한 기도

내게 이런 자녀를 주소서
약할 때에 자기를 돌아볼 줄 아는 여유와
두려울 때 자신을 잃지 않는 대담성을 가지고
정직한 패배에 부끄러워하지 않고 태연하며
승리에 겸손하고 온유한 자녀를 내게 주옵소서.

생각해야 할 때에 고집하지 말게 하시고
주를 알고 자신을 아는 것이
지식의 기초임을 아는 자녀를 내게 허락하옵소서.

원하옵나니 그를
평탄하고 안이한 길로 인도하지 마시고
고난과 도전에 직면하여
분투 항거할 줄 알도록 인도하여 주옵소서.
그리하여
폭풍우 속에서 용감히 싸울 줄 알고
패자를 관용할 수 있도록 가르쳐 주옵소서.
그 마음이 깨끗하고 그 목표가 높은 자녀를,
남을 정복하려고 하기 전에
먼저 자신을 다스릴 줄 아는 자녀를,
장래를 바라봄과 동시에
지난날을 잊지 않는 자녀를 내게 주옵소서.

이런 것들을 허락하신 다음
이에 더하여 내 아들에게 유머를 알게 하시고
생을 엄숙하게 살아감과 동시에
생을 즐길 줄 알게 하옵소서.

자기 자신에 지나치게 집착하지 말게 하시고
겸허한 마음을 갖게 하사
참된 위대성은 소박함에 있음을 알게 하시고
참된 지혜는 열린 마음에 있으며
참된 힘은 온유함에 있음을 명심하게 하소서.

그리하여 아버지가 된 자녀가 어느 날
내 인생을 헛되이 살지 않았노라고
고백할 수 있도록 도와주옵소서.

— 존 맥아더

5월

넷째 주

여호와여 들으시고
내게 은혜를 베푸소서
여호와여 나를 돕는 자가 되소서 하였나이다
주께서 나의 슬픔이 변하여 내게 춤이 되게 하시며
나의 베옷을 벗기고
기쁨으로 띠 띠우셨나이다
이는 잠잠하지 아니하고
내 영광으로 주를 찬송하게 하심이니
여호와 나의 하나님이여
내가 주께 영원히 감사하리이다

시편 30:10~12

저희를 선한 길로
인도하시는 하나님

저희에게 한 주간의 평안을 허락하심을 감사드립니다. 날마다 저희 속에 하나님의 나라가 이루어질 수 있기를 바랍니다.

오늘 주의 날을 맞아 거룩하신 하나님께 예배드리기 위해 모였습니다. 먼저 주님 앞에 저희 죄를 고백합니다. 이웃을 사랑하지 못하고 참아주지 못하고 늘 고집이 앞서고 대접받고 싶어 하고 주님보다 돈과 사람들이 우선이었던 지난 삶을 고백합니다. 주여, 용서하여 주옵소서. 주님의 정결한 피로 저희를 씻어주옵소서.

사랑이 많으신 주님.
저희가 하나님 나라를 위하여 평생 헌신하기를 원합니다. 저희 발길이 닿는 곳에 구원의 복음이 전파되어 하나님의 나라가 확장되도록 도와주옵소서. 친구를 침상에 매달아 지붕을 뜯고 예수님께 보인 그들의 믿음처럼 저희도 사랑하는 사람들을 예수님 앞에 데리고 올 수 있게 하여 주옵소서. 마음에 복음을 전하고 싶은 생각이 불 일듯 일게 하셔서 어디에 있든 무엇을 하든 십자가 사랑을 전하게 하여 주옵소서.

저희 교회도 주의 몸으로서 역할을 잘 할 수 있게 도우시고 구원의 방주가 되어 수많은 영혼들을 하나님께로 인도하도록 도와주옵소서. 언제나 성령의 불길이 살아 있는 교회가 되기를 바랍니다.

성도 간에 사랑이 넘치게 하시고 이웃을 사랑으로 극진히 돌보는 성숙함이 있게 하여 주옵소서. 병들고 상처 입은 영혼들이 저희 교회로 찾아와서 쉼을 얻고 사랑을 느끼며 하늘의 평안을 경험하게 하여 주옵소서.

오늘 예배에 성령께서 임재하셔서 이끌어 주시고 받아 주시며 충만한 은혜를 허락하여 주옵소서. 예배의 시작과 끝을 주께 맡기며 예수 그리스도 이름으로 기도합니다. 아멘.

이런 아이

꾸지람 속에서 자란 아이,
비난하는 것을 배우며
적대와 미움을 받고 자란 자녀는
싸움하는 것을 배웁니다.
놀림을 받으며 자란 아이,
부끄러움 타는 것을 배우고,
질투하는 분위기 속에서 자란 아이,
죄의식의 감정을 배웁니다.
관용 속에서 키운 아이,
인내하는 것을 배우며,
격려 받으며 자란 아이,
자신감을 배우고,
칭찬 받으며 자란 아이,
감사하는 마음을 배웁니다.
공정한 대우를 받으며 자란 아이,
정의로움을 배우고,
안정감을 갖고 자란 아이, 믿음을 배웁니다.
인정을 받으며 자란 아이,
자기 자신을 좋아하는 것을 배우며
포용과 친밀함으로 키운 아이,
이 세계에서 사랑을 발견하는 것을 배웁니다.

— 도로시 로우 놀트

6월

첫째 주

하나님이여 주의 인자하심이 어찌 그리 보배로우신지요
사람들이 주의 날개 그늘 아래에 피하나이다
그들이 주의 집에 있는 살진 것으로 풍족할 것이라
주께서 주의 복락의 강물을 마시게 하시리이다
진실로 생명의 원천이 주께 있사오니
주의 빛 안에서 우리가 빛을 보리이다
주를 아는 자들에게 주의 인자하심을 계속 베푸시며
마음이 정직한 자에게 주의 공의를 베푸소서
교만한 자의 발이 내게 이르지 못하게 하시며
악인들의 손이 나를 쫓아내지 못하게 하소서
악을 행하는 자들이 거기서 넘어졌으니
엎드러지고 다시 일어날 수 없으리이다

시편 36:7~12

천지를 만드신
능력의 하나님

　교회의 모든 성도들이 이 시간 예배로 주께 영광 돌리게 하시니 감사합니다. 주께서는 저희를 만세 전에 택하시고 오늘까지 지켜 보호하여 주셨는데 저희는 주님의 사랑을 깨닫지 못한 채 죄악 가운데 살고 있습니다. 아직도 하나님의 깊으신 사랑과 기쁘기 그지없는 은혜를 모르는 저희를 불쌍히 여기시고 은혜를 허락하셔서 이 시간 성령의 감동 속에 거하게 하여 주옵소서.

　오래 참으시는 주여.
　저희가 혹시라도 세상 살면서 주를 모른다고 하지 않게 하시고 스스로 교만하여 마음대로 판단하고 결정하지 않게 도와주옵소서. 또한 마음속에 죄를 품지 않게 하시고 단호히 물리치게 하여 주옵소서.

　저희는 거룩하신 하나님의 백성이오니 주께서 저희를 다스려 주시고 주의 길로 행하게 하여 주옵소서. 고난이 와도 어려움이 닥쳐도 주의 날개 아래에 피하고자 하오니, 주여, 저희를 받아주시고 품어 주시옵소서.

　주의 말씀은 저희를 살리는 양식이며 세상을 살아가는 푯대입니다. 날마다 말씀을 사모하게 하시고 그 속에 있는 보화를 깨닫는 기쁨 또한 허락하여 주시옵소서.

생명의 주인이신 주님.

오늘 예배 가운데 함께 하셔서 저희의 찬양과 경배를 받으시고 능력으로 임하셔서 저희 속되고 교만한 마음을 부숴주시고 성령의 충만한 은혜를 경험하게 하여 주옵소서.

단 위에 서신 목사님에게 함께 하셔서 참된 진리의 말씀을 전하기에 부족함 없게 도우시고 이 시간, 소망과 기쁨 가운데 예배드릴 수 있게 인도하여 주옵소서. 거룩하신 예수님 이름으로 기도합니다. 아멘.

영원한 생명을 향한 소망

하나님의 사랑은 영원하여라
삶의 파도에 부딪치고
낙망하여 침울할 때
그 사랑을 깨달으면 얼마나 놀라운 일이랴.
하나님의 자비는 항상 그대를 품어 안고
방황하는 마음엔 힘을
외로운 가슴엔 위로를
언제나 풍성히 내려주시느니.
하나님은 언제나 그대 곁에 가까이
손 닿는 곳에 계시니
고민을 아뢰기만 한다면
헤아리지 못할 것이 없어라.
하나님의 사랑은 영원하시고
자비는 한량없이 너그러우심을 깨달아
그 약속의 말씀을 믿기만 하면 되느니.
때를 맞추어 오시는 분
하나님께서 선한 열매를 맺으시길
끝까지 인내하며 기다리오.
그 누구의 기도에도 언제나 대답하시고
자비와 사랑을 언제나 이루시기에.

— 헬렌 스타이너 라이스

6월

둘째 주

하나님이여 사슴이 시냇물을 찾기에 갈급함 같이
내 영혼이 주를 찾기에 갈급하니이다
내 영혼이 하나님 곧 살아 계시는 하나님을 갈망하나니
내가 어느 때에 나아가서 하나님의 얼굴을 뵈올까
사람들이 종일 내게 하는 말이 네 하나님이 어디 있느뇨
하오니 내 눈물이 주야로 내 음식이 되었도다
내가 전에 성일을 지키는 무리와 동행하여
기쁨과 감사의 소리를 내며
그들을 하나님의 집으로 인도하였더니
이제 이 일을 기억하고 내 마음이 상하는도다
내 영혼아 네가 어찌하여 낙심하며
어찌하여 내 속에서 불안해 하는가
너는 하나님께 소망을 두라 그가 나타나
도우심으로 말미암아 내가 여전히 찬송하리로다

시편 42:1~5

좋으신
하나님 아버지

　살아계신 참 하나님을 저희가 온 마음과 정성을 다하여 경배하며 예배합니다. 하나님이심에도 사람이 되시어 십자가에 죽기까지 순종하시며 저희를 사랑하신 주님께 감사와 찬양을 드립니다.

　사랑의 주님.
　저희는 주님을 바라볼 자격이 없음에도 병들고 부패한 심령을 가지고 주 앞에 나왔습니다. 오직 저희를 대속하신 그리스도의 사랑만을 의지하고 나왔으니 저희를 용서하여 주옵소서. 저희는 늘 허물과 죄악 가운데 있어 주님의 말씀과 은혜가 너무 갈급하고 간절합니다. 저희를 만나주시고 넓으신 품으로 품어주시옵소서.

　세상 사람들이 보이지 않는 하나님을 증명해보라고 저희를 핍박할 때도 있습니다. 하나님, 하는 일이 잘 안 되고 어려움에 처하고 자꾸 나락으로 떨어지는 것 같을 때도 있습니다. 세상은 그런 저희를 보며 하나님이 어디 계시느냐고 말하기도 합니다.

　은혜의 주님, 그럴 때 저희 가슴은 찢어지며 아픕니다. 저희 잘못으로 거룩하신 하나님의 이름이 무시당하는 것 같아 몹시 괴롭습니다. 그때마다 "내 영혼아 네가 어찌하여 낙심하며 어찌하여 내 속에서 불안해 하는가 너는 하나님께 소망을 두라 그가 나타나 도우심으로 말미암아 내가 여전히 찬송하리로다" 하는 말씀을 기억하며 묵상합니다.

영원하신 하나님이 계심을 믿습니다. 하나님께서 저희가 어리석어도 저희를 사랑하시는 줄 믿습니다. 저희가 아무리 죄가 크고 많아도 그리스도께서 이미 정죄함을 당하지 않게 하셨음을 믿습니다.

주여, 저희가 죄로 좌절하지 않게 하소서. 저희가 실패로 낙망하지 않게 하소서. 저희가 다시 하나님으로 말미암아 일어서길 원합니다. 잡아주시고 인도하여 주옵소서. 항상 주 앞에 정직하게 서게 하시고 날마다 죄를 회개하게 하시며 저희에 대한 하나님의 사랑을 확신하게 하여 주옵소서.

이 시간 성령께서 함께 하시어 저희를 감동하사 풍성한 은혜 누리게 하여 주옵소서. 거룩하신 예수 그리스도 이름으로 기도합니다. 아멘.

기도는 생명의 다리

기도는 마음의 간절한 소원이다.
말은 하지만 표현할 수 없는
가슴에서 타오르는
보이지 않는 불의 용솟음이다.

기도는 탄식의 짐을 내려놓는
눈물의 폭포수이며,
하나님만이 가까이 계실 때
높은 곳을 우러르는 눈빛이다.

기도는 어린아이의 입술로 찾을 수 있는
가장 소박한 언어이며
기도는 가장 존엄한 곳에까지
이를 수 있는 가장 고귀한 노력이다.

기도 중에 성자들은
말과 행위와 마음에 있어서 한 사람으로 나타난다.
기도 속에서 그들은 하나님과 그 아들과 더불어 달콤한 교제를 나누리라.

기도는 사람의 의지만으로는 이루어질 수 없나니,
기도는 성령님이 탄원하시며
예수님의 영원한 보좌에서
죄인을 위하여 다리를 놓으시는 것.

오! 주여, 나는 당신을 힘입어 하나님께 이르나이다.
길이요 진리요 생명이신 주여!
기도의 길을 몸소 걸어가셨던
주여, 우리에게 기도할 바를 가르쳐 주소서!

— 제임스 몽고메리

6월

셋째 주

여호와는 위대하시니
우리 하나님의 성,
거룩한 산에서 극진히 찬양 받으시리로다
터가 높고 아름다워 온 세계가 즐거워함이여
큰 왕의 성 곧 북방에 있는
시온 산이 그러하도다
하나님이 그 여러 궁중에서
자기를 요새로 알리셨도다

시편 48:1~3

위대하신 하나님을
찬양합니다

　온 세상의 창조주시며 주인이신 하나님께 경배와 찬양을 드립니다. 거룩하신 주님, 어둠의 골짜기에서 저희를 건져주시고 저희의 발을 반석 위에 세우심을 감사드립니다.

　이제 저희가 주께 예배드리기 위해 모였습니다. 한 주간 지켜 주심을 감사드리며 주의 사랑과 말씀을 사모하여 이 자리로 인도하여 주심을 감사드립니다.

　저희의 일생이 주님의 풍성한 은혜 안에 거하게 하시고 날마다 성숙하여 세상의 빛과 소금의 역할을 잘 감당하도록 하여 주옵소서. 주께서는 부족한 저희들이지만 저마다 귀한 달란트를 주셨습니다. 세상을 살며 하나님 주신 달란트를 잘 사용하여 많은 사람들에게 복된 하나님의 나라를 알리게 하여 주옵소서.

　저희는 주님의 겟세마네 동산을 기억합니다. 참혹한 채찍과 가시관, 십자가에 못박힘, 그리고 주님의 울부짖음도 기억합니다. 그 모든 것을 결코 잊지 않게 하시어 그리스도의 영광을 드러내고 주님을 영화롭게 하는 일에 앞장서게 하옵소서.

오랜 세대를 통해 내려오는 주님의 구원의 능력이 이 시간도 저희들의 영혼과 입술과 가슴에 흐르게 하셔서 사죄의 기쁨과 넘치는 사랑과 강 같은 평화가 넘치게 하여 주옵소서.

찬양대원 한사람 한사람을 주의 손으로 잡으시고 그리스도의 형상을 닮은 귀한 모습으로 만드셔서 주를 위해 사는 삶을 평생 영위하게 하여 주옵소서.

특별히 단 위에 세우신 목사님을 통하여 생명의 말씀을 주실 때 은혜가 넘치게 하시고 저희 귀와 마음을 열어 귀한 말씀 깨닫기에 부족함 없게 하여 주옵소서. 모든 것을 주께 맡기며 필요를 따라 채우시는 예수님 이름으로 기도합니다. 아멘.

사랑의 집

벽만 둘려져 있으면 집인가.
거기 그림들이 걸려 있더라도
사랑이 없으면 그뿐
성상(性狀)과 난로가 있어야지.
우리 머리 위를 나는
비둘기들을 보라.
집은 사랑하는 곳
집은 우리를 사랑하는 곳이라네.
지붕과 방만 있으면 집인가.
그리운 보금자리가 있어야지.
우리들 가슴을 피게 하고
입술을 따뜻하게 하는 것이어야지.
만나고 맞아주고
반겨주지 않는 것이 무슨 집인가.
집은 우리들이 정답게 모여
그리고 사랑하는 곳이라네.

– 스웨인

6월

넷째 주

주의 인자하심이 생명보다 나으므로
내 입술이 주를 찬양할 것이라
이러므로 나의 평생에 주를 송축하며
주의 이름으로 말미암아 나의 손을 들리이다
골수와 기름진 것을 먹음과 같이
나의 영혼이 만족할 것이라
나의 입이 기쁜 입술로 주를 찬송하되
내가 나의 침상에서 주를 기억하며
새벽에 주의 말씀을 작은 소리로 읊조릴 때에 하오리니
주는 나의 도움이 되셨음이라
내가 주의 날개 그늘에서 즐겁게 부르리이다

시편 63:1~7

참 생명이신
하나님 아버지

하나님의 크신 은혜와 섭리를 찬양합니다. 저희에게 귀하고 복된 날을 허락하셔서 주의 은혜 안에 거하게 하시고 찬양하며 예배하게 하심을 감사드립니다.

인자와 긍휼이 풍성하신 하나님.
저희가 지은 죄를 참회하며 하나님 앞에 고백합니다. 용서의 은총을 허락하셔서 깨끗이 씻어 주옵소서. 저희는 주님의 겸손한 마음을 닮지 못하고 사랑받으려고만 했고 자기 욕심만을 추구하며 살았습니다. 허영과 시기와 질투가 아직도 마음에 가득합니다.

주여, 추한 모습을 주 앞에 정직하게 고백하오니 보혈의 능력으로 저희 죄를 사하여 주옵소서. 이제 회개하고 통회하며 믿음을 더하여 받은 은혜 속에 기쁨을 누리며 살아갈 수 있도록 도와주옵소서.

내 힘과 내 능력을 의지할 때는 넘어질 수밖에 없습니다. 주의 인자하심이 생명보다 낫다는 말씀을 기억합니다. 주님을 의지하게 하여 주옵소서. 주 안에서만 참 평안이 있는 줄 압니다.

말씀 묵상과 기도로 늘 주 안에 거할 수 있도록 도와주옵소서. 저희는 끊임없는 사탄의 유혹을 받으며 살고 있습니다. 능히 이길 수 있도록 큰 능력을 허락하여 주옵소서.

주님의 십자가만을 의지하여 승리하는 생활이 되게 하시고 강하고 담대한 믿음을 가지고 성도로서의 달려갈 길을 부지런히 가게 하옵소서. 목표를 잃고 방황할 때 구름 기둥과 불기둥으로 저희를 인도하시는 하나님을 깨닫게 하시어 잠시라도 죄악의 길에 내려가지 않도록 하여 주옵소서.

사랑의 주님, 혹시 질병으로 고통당하는 성도가 있으면 치료하시는 하나님의 능력을 체험하게 하여 주옵소서. 그를 통하여 하나님이 증거되게 하여 주옵소서.

거룩하시고 능력 많으신 예수 그리스도 이름으로 기도합니다. 아멘.

언제나 당신과 함께이고 싶습니다

나는 당신을 사랑하고 있고
언제나 당신과 함께 있고 싶습니다.
인생의 모든 즐거움과 마음의 고통을
당신과 함께 나누며……

어떤 계획도 함께 설계하고
각자의 꿈도 함께 나누어요.
당신을 도우며 위로하고 싶고
사랑하고 싶습니다.
나는 언제나 당신과 함께이고 싶습니다.

- 달리 파톤

7월

첫째 주

하나님은 우리에게 은혜를 베푸사 복을 주시고
그의 얼굴 빛을 우리에게 비추사
주의 도를 땅 위에, 주의 구원을 모든 나라에게 알리소서
하나님이여 민족들이 주를 찬송하게 하시며
모든 민족들이 주를 찬송하게 하소서
온 백성은 기쁘고 즐겁게 노래할지니
주는 민족들을 공평히 심판하시며
땅 위의 나라들을 다스리실 것임이니이다
하나님이여 민족들이 주를 찬송하게 하시며
모든 민족으로 주를 찬송하게 하소서
땅이 그의 소산을 내어 주었으니 하나님
곧 우리 하나님이 우리에게 복을 주시리로다
하나님이 우리에게 복을 주시리니
땅의 모든 끝이 하나님을 경외하리로다

시편 67:1~7

사랑이 많으신 하나님!

만세 전에 저희를 택하시고 은혜 중에 다스리시며 때를 따라 필요한 복을 내려주시는 한량없는 은혜에 감사와 경배를 드립니다.

저희는 진실로 하나님으로 인하여 즐거워하는 자들임을 고백합니다. 그러나 너무나 자주 죄악 세상에 물들며 합당치 못한 생활에 빠지곤 합니다. 그러한 저희 죄가 더욱 가증스럽고 한심스러워 이 시간도 저희의 연약함을 슬퍼하며 안타깝게 회개하오니 용서해 주시기를 간절히 원하옵니다.

하나님!
새로운 한 주간을 시작하며 주님의 은혜를 바라오니 살아계신 하나님의 임재를 느끼게 하여 주옵소서. 저희는 주님의 은혜를 통하지 않고서는 절대로 소망의 그늘에 거할 수 없음을 고백합니다. 아버지께서 저희 안에 사시며 사랑의 줄로 묶으사 은혜의 보좌 앞으로 인도하여 주시기를 원합니다.

사랑이 많으신 하나님!
한 주간을 살면서 저희가 슬픔을 당할 땐 환난을 통한 은혜에 이르는 길을 열어 주시며, 수모와 멸시를 당할 땐 하나님이 더욱 가까이에서 사랑하고 계심을 알게 하셔서, 참을 수 없고 견딜 수 없는 세상의 어떤 어려움일지라도 더 큰 하늘의 은혜로 이기게 하옵소서.

절대 악인의 꾀에 빠지지 않고 오직 주님의 말씀을 즐거워하여 주야로 묵상하며 주님의 인도하심에 순종케 하옵소서.

이 시간도 사랑하시는 목사님께 능력과 권능을 더하셔서 주님의 이름이 영광을 거두도록 역사하여 주시고, 이 교회의 기관마다 구역마다 기름 부으셔서 모일 때마다 큰 오순절 되게 하옵소서.

날마다 새로운 은혜를 주시는 예수 그리스도의 이름으로 기도드렸습니다. 아멘.

웨슬리의 기도

지극히 은혜롭고 자비하신 주님
주님만이 상처입은 정신을 치유하시고
번민하는 마음을 평정케 하시오니
주께 구원을 바라옵니다

영육의 위대하신 치료자시여
약하고 낙심한 정신을 위로하소서
주님만이 나를 구원하시옵니다

구원을 바라며 주님께 간구합니다
간절한 저의 기도를 들으시고
저의 믿음을 주께 두시며
안온하고 평온하며 기쁜 마음을 다시 회복케 하소서

우리 주님의 구원하심을 조용하게 기다리고
바라는 것이 진실로 선한 일이옵니다

주님의 안식처를 허락하시옵고
저의 영혼이 더이상 소용돌이 치지 않게 하옵소서

당신의 안식처를 허락하사
저의 영혼이 주님 안에서
구원을 얻고 안식하게 하여 주옵소서
아멘

7월

둘째 주

낮도 주의 것이요 밤도 주의 것이라
주께서 빛과 해를 마련하셨으며
주께서 땅의 경계를 정하시며
주께서 여름과 겨울을 만드셨나이다
여호와여 이것을 기억하소서
원수가 주를 비방하며
우매한 백성이 주의 이름을 능욕하였나이다
주의 멧비둘기의 생명을 들짐승에게 주지 마시며
주의 가난한 자의 목숨을 영원히 잊지 마소서
시편 74:16~19

은혜가 풍성하신
하나님 아버지!

귀한 성일을 저희에게 주신 주님을 찬양합니다. 세상에 오셔서 주리고 목마르셨고 울며 슬퍼하면서도 그 몸 십자가에 던져 저희를 구원하신 주님! 그 지극하신 사랑과 은혜를 감사합니다.

죄악 세상에 오염되어 강퍅해진 마음들을 녹이시고 진정한 간구의 영으로 가득케 하사 잃어버린 소망과 기쁨을 되찾고 흘려버린 은혜와 능력을 회복하는 귀한 시간 되게 하소서.

주님! 저희가 아픔도 감당할 수 있는 은혜를 주시며, 이제부터는 정말 참되고 아름답게 살아갈 수 있도록 지켜 주시옵소서. 무엇을 하든지 순결과 진실과 공평과 선한 편에 서게 하시고 예수 그리스도의 은혜와 지식 속에서 날로 새로워지게 하옵소서.

언젠가 나의 잘못으로 상처받고 슬프게 내 곁을 떠나간 형제가 있다면 그들이 지금 어디에 있든지 그 상처를 싸매 위로해 주시며 저희가 주 안에서 기쁘고 평안한 것처럼 그들에게도 그 기쁨과 평안이 늘 가득하게 하여 주시옵소서.

어떠한 역경에 처해도 홀로 슬퍼 말게 하시고, 오히려 나의 도움을 필요로 하는 사람들을 위하여 바쁘게 봉사할 수 있는 마음을 주셔서 그들을 통하여 내게로 오는 그리스도의 빛을 맞게 하여 주옵소서.

거룩하신 하나님, 찬양대를 위하여 기도드리오니 저들이 하늘의 찬양을 부를 때마다 그 영혼 깊은 곳으로부터 우러나오는 간절한 곡조가 되게 하시고, 비둘기 같은 성령이 하늘로부터 임하여 주님의 사랑과 은혜가 드러날 수 있기를 원합니다.

오늘 예배를 주께 맡기오며 예수님의 이름으로 기도합니다. 아멘.

깊은 믿음

풍성히 자비를 베푸시는 하나님, 저희가 주께 기도드립니다
주님의 성령의 은혜로 우리의 마음 가득하게 하시며
사랑과 기쁨과 평화와 인내와 관용과
선함과 믿음과 온유와 절제로 우리의 마음 채우소서

우리를 미워하는 이들 사랑하게 하시고
우리를 괴롭히는 이들 위해 기도하게 하셔서
주의 햇빛으로 악한 자와 선한 자를 두루 비추시며
의로운 자와 불의한 자 모두에게 비를 내리심같이
그들을 사랑하는 주의 자녀 되게 하소서

어려움 속에 있을 때 오래 참는 은혜를 우리에게 주시며
다행스런 일 있을 때 겸손할 수 있도록 지키셔서
우리 문인 우리 입을 스스로 단속하게 하소서

이 세상 즐거움 귀히 여기지 않게 하시며
하늘의 것들을 간절히 소망하게 하소서

우리 주 예수 그리스도를 의지하여 비옵나이다 아멘

– 안셀름

7월

셋째 주

하나님이여
우리가 주께 감사하고 감사함은 주의 이름이 가까움이라
사람들이 주의 기이한 일들을 전파하나이다
주의 말씀이 내가 정한 기약이 이르면
내가 바르게 심판하리니
땅의 기둥은 내가 세웠거니와
땅과 그 모든 주민이 소멸되리라 하시도다
내가 오만한 자들에게 오만하게 행하지 말라 하며
악인들에게 뿔을 들지 말라 하였노니
너희 뿔을 높이 들지 말며
교만한 목으로 말하지 말지어다
시편 75:1~5

**은혜의
하나님!**

천지에 가득하셔서 불꽃같은 눈초리로 저희를 감찰하시며 때를 따라 복을 허락하시는 자비로우신 하나님께 감사와 영광과 찬양을 드립니다.

썩어질 육체의 눈을 통하지 않고 아버지께서 주신 새로운 영의 눈을 통하여 바라보게 하시어서 이 땅의 행복과 영원한 행복을 구분하여 주님 앞에 과연 내가 어떤 존재인지를 비추어 볼 수 있는 귀한 시간되게 하여 주시옵소서.

사랑의 하나님!
이 시간도 귀한 종의 말씀을 통하여 빛과 생명의 길로 인도해 주시고 죄악의 찌꺼기를 완전히 불살라 맑은 생수가 솟아나게 해 주시옵소서. 저희의 기도와 정성으로 준비한 예배에도 놀라우신 성령의 바람으로 화답하여 주실 줄 믿습니다.

예수 그리스도의 복음을 통하여 하나님 나라로 향할 수 있는 새로운 길을 활짝 여시고 한 심령도 빠짐없이 불같은 성령을 체험하여 새롭고 정결하게 되도록 도와주옵소서.

하나님 아버지!

세상은 악하고 패역한 세력들로 가득 차 있습니다. 그들은 저희 그리스도인들이 이 세상의 빛과 소금으로 살지 못하도록 온갖 방법으로 유혹하고 있습니다. 그러나 하나님의 의는 영원하며 변하지 않을 것임을 압니다. 저희가 행여라도 세상과 타협하지 않도록 도와주시고 인도하여 주옵소서.

오늘 말씀 전하시는 목사님에게 큰 능력 허락하시고 지혜와 명철과 권능으로 이끌 수 있도록 도와주옵소서. 모든 순서를 주께 맡기며 예수님의 이름으로 기도드렸습니다. 아멘.

주님을 사랑할 수많은 이유

감사합니다. 하나님!
그리도 침울히 동틀 우울한 날을 밝히어
돌연히 일어나는 조그만 일들을 인하여

감사합니다. 하나님!
실망 큰 날에 그 실망을 지워
우리의 길에 행복한 빛을 던져 주셨으니

감사합니다. 하나님!
우리 마음속 먹구름 흩어 날리시고
다만 가슴 깊은 기쁨과 빛만 남게 하심을 인하여
오 하나님!
당신께 드릴 감사는 무궁한데
그 모두가 당연한 일이라 여기고 생각하거나 행하오니
용서하소서.
용서하소서.

움직이는 것
리듬따라 뛰노는 맥박
숨쉬는 삶의 순간순간이
당신께서 주신 일들임을 마냥 모르는 체 했습니다.

하나님 용서하소서! 우리의 옹졸함을
조금이라도 감사치 못한 우리의 얕은 마음을
용서하소서.

그래서
주님께 감사하는 그 수많은 일에
주님께 감사하며 살게 하소서.
복의 근원 되신 예수 이름으로 아멘.

— 헬렌 라이스

7월

넷째 주

우리 조상들의 죄악을 기억하지 마시고
주의 긍휼로 우리를 속히 영접하소서
우리가 매우 가련하게 되었나이다
우리 구원의 하나님이여
주의 이름의 영광스러운 행사를 위하여 우리를 도우시며
주의 이름을 증거하기 위하여 우리를 건지시며
우리 죄를 사하소서
이방 나라들이
어찌하여 그들의 하나님이 어디 있느냐 말하나이까
주의 종들이 피 흘림에 대한 복수를
우리의 목전에서 이방 나라에게 보여 주소서
시편 79:8~10

상한 갈대를 꺾지 않으시고
꺼져가는 심지도 끄지 않으시는 사랑의 하나님!

오늘도 그리스도를 의지하며 보좌 앞에 담대히 나왔습니다. 입술로 감히 표현할 수 없는 감사함으로 주님께 나왔으니 부족하지만 주님의 택함 받은 자로 주님의 보혈로 속죄함 받기를 원합니다.

주님을 영접하기 전에 가졌던 많은 허물과 죄악들을 생각할 때 받을 자격도 없는 저희들에게 보이신 넘치는 은혜에 감격하지 않을 수 없습니다. 이 시간 주님 앞에서 저희가 겸손하기를 바라며, 그리스도의 의를 믿음으로 깊은 지혜와 높은 명철을 얻기를 간구합니다.

구원의 주님.
주님을 섬기기 위해 세상으로 부름을 받은 것을 아오니 바쁘게 사는 동안도 주께서 저희를 인도하시고 명령하시는 일들에 순종할 수 있도록 도와주시옵소서.

저희의 마음속에 항상 거하시며 저희를 진리와 구원의 지식으로 안내해 주시는 하나님! 하나님의 의로운 오른손이 저희 길을 죽음으로부터 감찰하셨고 부패와 파멸로부터 저희 영혼을 건져주셨나이다. 저희 속에 찌르는 가시를 주셔서 저희를 일으켜 주셨고 밝은 빛으로 인도해 주시기 위해 고통도 주셨나이다.

또한 아침마다 권징하시며 분초마다 격려하시며 무한한 사랑과 자비를 엄격히 베푸시기에 저희로 하여금 두렵고 떨리게도 하셨나이다.

주님의 은혜가 이 시간도 풍성하기를 바라며 예수 그리스도의 이름으로 기도드렸습니다. 아멘.

저를 통해서

주여 저를 통해서
이 세계를 사랑하소서.

이 세상의 깨어진 사람들을,
주여 당신은 죽음으로써
사랑하셨나이다.

오, 저를 다시 사랑하소서.

주여,
사람들은 절망속에 있나이다.
오, 제가 알고 보살피게 하소서.

사람들이 제 인생을 볼 때
그들이 당신도 보게 하소서.

오, 저를 통해서
이 세계를 사랑하소서.

— 월 하프톤

7월

다섯째 주

만군의 하나님 여호와여 주의 백성의 기도에 대하여
어느 때까지 노하시리이까
주께서 그들에게 눈물의 양식을 먹이시며
많은 눈물을 마시게 하셨나이다
우리를 우리 이웃에게 다툼 거리가 되게 하시니
우리 원수들이 서로 비웃나이다
만군의 하나님이여
우리를 회복하여 주시고
주의 얼굴의 광채를 비추사
우리가 구원을 얻게 하소서
시편 80:4~7

살아서 역사하시는 하나님!

비천한 저희들을 사랑하셔서 슬플 때나, 괴로울 때, 철망의 늪을 헤맬 때 오직 아버지만 부르게 하시고, 그 때마다 다가와 주시는 인자하신 아버지!

이 시간도 주님 찾아 머리 숙인 저희들을 자비와 긍휼로 감싸셔서 모든 악한 것들로부터 보호하여 주실 것을 믿습니다.

저희가 예배드릴 때에 하나님과 거룩한 교제를 나누는 데 방해가 되는 어떤 슬픔이나, 걱정, 세상의 잡념들을 물리쳐 주시고 신령한 마음으로 은혜의 보좌에 나아갈 수 있게 하여 주시옵소서.

세상의 헛된 욕망과 영혼의 고통 속에서 사소한 이익만 위해 수고하며 다투다가 심령의 손해를 미처 깨닫지 못했던 어리석은 저희들에게 기도 속에서 견책하시는 하나님의 음성을 듣게 하시고 주님의 뜻과 언약을 깨달아 하늘 끝까지 그 은총에 감사하며 찬양케 하옵소서.

비록 저희들이 어떤 것을 기도해야 할지 모를지라도 저희에게 주님이 원하시는 복을 내려주실 줄 믿습니다. 낙심한 자에게 큰 믿음을 주시고, 병든 자에게 새 생명의 기쁨을, 약한 자에게 독수리 날개 같은 강건함을 골고루 부어 주시옵소서.

이 시간 오순절의 역사를 재현하시고 주님의 백성들이 모인 이 곳에 성령의 불이 내려오며 하늘의 바람이 일게 하소서.

주님, 성령으로 말미암아 모든 삶의 길에 하나님의 가르침을 적용할 수 있도록 도우시며, 누구든지 어떤 직업으로 무슨 일을 하든지, 그리스도께 영광 되는 삶을 살도록 이끌어 주시옵소서.

예수님의 이름으로 기도드렸나이다. 아멘.

자비의 기도

주님!

제 얼굴에 겸손을
제 처신에 진지함을
제 말에 신중함을
제 생각에 거룩함을
제 행동에 의로움을 주소서

주의 자비로
저의 죄를 씻으시고
주의 은혜가
저를 통해 영생의 열매를 맺게 하소서. 아멘

— 존 쿠생

8월

첫째 주

만군의 하나님이여 구하옵나니 돌아오소서
하늘에서 굽어보시고 이 포도나무를 돌보소서
주의 오른손으로 심으신 줄기요
주를 위하여 힘있게 하신 가지니이다
그것이 불타고 베임을 당하며
주의 면책으로 말미암아 멸망하오니
주의 오른쪽에 있는 자 곧 주를 위하여
힘있게 하신 인자에게 주의 손을 얹으소서
그리하시면 우리가 주에게서 물러가지 아니하오리니
우리를 소생하게 하소서 우리가 주의 이름을 부르리이다
만군의 하나님 여호와여 우리를 돌이켜 주시고
주의 얼굴의 광채를 우리에게 비추소서
우리가 구원을 얻으리이다

시편 80:14~19

죄인을 부르러 오신 아버지여!

저희는 죄인입니다. 나면서부터 저주받은 자요 살아가면서 멸망 받을 자들인데, 주님이 택하시고 구속하여 자녀 삼아주신 그 지극하신 사랑과 오늘도 지키고 보살펴주시는 그 변함없는 사랑에 끝없는 감사를 드립니다.

그러나 주님, 또다시 저희는 성도의 자격을 잊어버리고 죄인의 모습으로 나왔습니다. 세상 권세에 짓눌리어 지난 한 주간 동안 저희 영혼에 생긴 상처와 허물을 치료해 주시고 고요함으로 저희 마음에 들어와 주시기를 원합니다.

저희들이 이 시간도 주님의 자비와 사랑을 간절히 구하오니 험악한 세상에서 강퍅해진 심령들을 사랑의 빛으로 녹이시며 용서해 주시고 지금까지 저희가 주님께 맹세하고 약속한 말들을 낱낱이 기억하게 하셔서 그것들이 입술로만 끝났다면 이제라도 탄식하며 그 약속을 이행하는 저희들이 될 수 있도록 은총 내려주시기를 바랍니다.

아버지 하나님!
지금 이곳엔 실망과 고통 중에 있는 형제들과, 빈곤과 병마에 시달리는 형제들이 있습니다. 그들이 당하고 있는 슬픔과 실망의 의미를 깨닫고 이해할 수 있는 은혜를 주시고, 주의 성령이 최후로 승리하는 것을 믿게 하여 주시옵소서.

"아무 것도 염려하지 말고 오직 모든 일에 기도와 간구로 하나님께 아뢰어라" 하신 주님! 저희들의 간구와 부르짖음에 권능으로 응답하여 주시옵소서.

오늘도 이 교회의 유치부로부터 중고등부 및 각 기관들을 축복하여 주시고, 세우신 종을 통하여 무한하신 은총으로 베풀어 주옵소서. 예수님의 이름으로 기도드렸습니다. 아멘.

용서하는 사랑을 위한 기도

주여, 제게
없는 사랑을, 사랑을 주옵소서
사랑하라고 불러주신 그 사랑을 주옵소서
뜨겁고 진실한 사랑을 주옵소서
이 사랑을 제게 주옵소서!

괴로움 주는 사람
더욱 사랑하도록
끝까지 사랑하는 사랑을 주옵소서

한결같이 온유하고 인자한 그 사랑,
악을 악으로 갚지 않는 바로 그 사랑,
이 사랑을 제게 내려 주옵소서!

같이 웃고 같이 울어 함께 계신 주님 사랑
저의 기도 들으사 내려주옵소서

주여,
뜨겁고 깊은 사랑 제 안에 없나이다

주님 형상 닮으라고 불러주신 제 안에
이 사랑을 풍성히 내려주옵소서.

주여, 나의 기도 나의 간구
들어주옵소서

주님의 사랑 참모습을
제 안에 새기소서

사랑이신 주님을 제 안에 이루사
사랑의 존재가 되게 하옵소서

이 사랑을 저에게 내려 주옵소서

— 바실레아 슐링크

8월

둘째 주

우리의 능력이 되시는
하나님을 향하여 기쁘게 노래하며
야곱의 하나님을 향하여 즐거이 소리칠지어다
시를 읊으며 소고를 치고 아름다운 수금에
비파를 아우를지어다
초하루와 보름과 우리의 명절에 나팔을 불지어다
이는 이스라엘의 율례요 야곱의 하나님의 규례로다
하나님이 애굽 땅을 치러 나아가시던 때에
요셉의 족속 중에 이를 증거로 세우셨도다
거기서 내가 알지 못하던 말씀을 들었나니
이르시되 내가 그의 어깨에서 짐을 벗기고
그의 손에서 광주리를 놓게 하였도다

시편 81:1~6

영원한 생명과
사랑이 되시는 아버지!

무한하신 은총을 허락하셔서 비천한 저희로 하여금 주님의 영광 중에 담대히 나아올 수 있게 하시고 오늘도 변함없이 사랑하시는 은혜에 감사와 경배를 드립니다.

사랑의 주님!
주님을 알지 못하는 사람들을 위해 오늘도 기도합니다. 그들은 주님께서 창조하셨고 주님께서 내려주시는 것을 받아먹으면서도 주님을 향하지 않고 세상을 향해 살고 있습니다. 주님께서 저들을 찾으시어 돌아오게 하옵소서. 저희들이 돌아와 당신을 아버지라 부르며 하나님의 자녀들이 누리는 축복을 나눠 받게 하옵소서.

또한 이 나라 위정자들의 눈을 여시어 오늘의 현실을 바로 볼 수 있게 하시고, 저들이 정권욕과 사리사욕을 버리고 주님의 사랑을 배워서 위험에 빠져 있는 사회와 경제와 국민의 목소리를 먼저 들을 수 있게 하소서.

저들이 정책을 입안하고 계획하고 시행하는 데에도 무엇보다도 성서에서 지혜를 받고 판단할 수 있는 비결을 알게 하시고, 그 비결을 얻으려고 주님의 말씀을 묵상하는 중에 주님을 발견하고 영접하게 하여 주시옵소서.

또한 이 교회를 통하여 아버지의 기뻐하시고 온전하신 뜻이 무엇인지를 알게 하여 주시고 오로지 주님 영광만을 위하여 저희와 이 교회를 사용하여 주시옵소서.

성부와 성자와 성령께 영광이 세상 끝까지 함께 하시옵소서. 오늘 예배를 주님께 맡기오며 예수님의 이름으로 기도드렸나이다. 아멘.

헬렌 라이스의 기도시

때로는 괴롬과 슬픔으로
우리를 시험하시는 아버지,
그 시험은 벌이 아니라 내일을 맞이하라고
우리를 도우시는 것입니다

거센 폭풍을 이겨내야 나무들은 자라날 힘을 얻고
끌로 날카로이 도려내야 대리석이 아름다움과 형상을 얻듯이
하나님은 부질없이 우릴 해치지 않으시며
우리 아픔 저버리지 않으십니다

무엇을 잃게 하시면 다시금 가득히 얻게 하시기에
아낌없이 보내신 축복을 헤아려 본다면
불평할 까닭도 슬퍼할 시간도 없습니다

우리 아버지는 자녀를 사랑하시며
아버지께서는 모든 것이 한결같기에
영혼의 아픔이 꼭 필요할 때 기쁨만 허락하시는 일은 없나니
고뇌가 닥쳐오고 만사가 어려울 때
그건 우리 가운데 하나님 일하시어
우리 영혼 견고케 하시는 때입니다

8월

셋째 주

내 백성아 내 말을 들으라
이스라엘아 내 도를 따르라
그리하면 내가 속히 그들의 원수를 누르고
내 손을 돌려 그들의 대적들을 치리니
여호와를 미워하는 자는 그에게 복종하는 체할지라도
그들의 시대는 영원히 계속되리라
또 내가 기름진 밀을 그들에게 먹이며
반석에서 나오는 꿀로
너를 만족하게 하리라 하셨도다
시편 81:13~16

영원히 영광스러운 아버지여!

존귀와 영광과 감사를 드립니다. 스스로 인간보다 낮아지셔서 그 발을 씻어 주시고 죄인과 함께 음식을 나누며 친구가 되셨던 그 겸손하시고 거룩하신 사랑에 끝없는 존경과 감사와 찬양을 드립니다.

거룩하신 하나님.
찌들고 곤비한 영혼과 마음이 눈을 따라가기 바쁘고, 세상으로의 발걸음만 빨라서 하나님과 이웃을 노엽게 했던 지난 한 주간의 모든 일들을 고백하오니 용서하여 주시고, 또한 저희도 서로 용서하게 하여 주시옵소서.

세상의 탐욕에 짓눌려 헤맸던 저희들의 팔을 붙드사 죄악의 도성 바벨론의 한가운데로부터 건져주시고 에덴에서 쫓겨날 때 내리신 저주를 거두어 주시기를 바랍니다.

그리하여 예수 그리스도로 터를 삼고 겸손의 집을 지으며 주고받는 사랑의 생활 속에 어디를 가든지 누구를 만나든지 떳떳하게 주님을 시인하면서 살기를 바라오니 주님을 저버리는 일이 없게 하시며 사랑의 광채와 헛된 정욕의 안개를 분별할 수 있는 능력을 주시기를 간절히 원합니다.

구하면 주신다고 하신 주님!

응답하여 주실 것을 확실히 믿습니다. 오늘도 귀하신 종 말씀 전하실 때에도 저희가 눈물의 골짜기를 벗어나 기쁨의 들판으로 달려나오게 하시며, 세상의 모든 악독과 죄악이 산산이 부서지고 흩어지는 능력의 역사가 나타나게 하여 주시옵소서.

오늘 예배 가운데 함께 하시어 말씀과 충만한 은혜를 허락하여 주시기를 원합니다. 단 위에 세우신 목사님에게 성령충만함을 허락하사 세상을 이길 주님의 말씀을 담대히 선포하게 하시고 수많은 사람들을 하나님께로 이끌 수 있는 사랑과 능력을 허락하여 주옵소서.

모든 것을 주께 맡기며 거룩하신 예수 그리스도의 이름으로 기도드렸나이다. 아멘.

 ## 성화

존경받으려는 욕망으로부터
사랑받으려는 욕망으로부터
칭찬받으려는 욕망으로부터
명예로워지려는 욕망으로부터
칭송받으려는 욕망으로부터
선택받으려는 욕망으로부터
인정받으려는 욕망으로부터
저를 구해내소서.

모욕당하는 두려움으로부터
멸시당하는 두려움으로부터
질책당하는 고통의 두려움으로부터
비방당하는 두려움으로부터
잊혀지는 두려움으로부터
조롱당하는 두려움으로부터
박해당하는 두려움으로부터
의심받는 두려움으로부터
저를 구해내소서.

저보다 다른 이들이 더 사랑받기를
저보다 다른 이들이 더 존경받기를
저를 젖혀두고 다른 이들이 선택받기를
저는 물러나고 다른 이들이 칭송받기를
모든 일에서 저보다 다른 이들이 먼저 되기를
저보다 다른 이들이 더욱 성스러워지기를
바라는 영광된 마음 갖게 하소서.

그로써 저 또한 충분히 성스러워질 것입니다.

— 메리 델 발 라파엘

8월

넷째 주

하나님은 신들의 모임 가운데에 서시며
하나님은 그들 가운데에서 재판하시느니라
너희가 불공평한 판단을 하며
악인의 낯 보기를 언제까지 하려느냐
가난한 자와 고아를 위하여 판단하며
곤란한 자와 빈궁한 자에게 공의를 베풀지며
가난한 자와 궁핍한 자를 구원하여.
악인들의 손에서 건질지니라 하시는도다
시편 82:1~4

거룩하시고
자애로우신 아버지!

언제나 저희의 영원한 생명이 되시기에 오늘도 다함없는 기쁨으로 나아와 존귀와 영광과 감사를 드립니다. 나올 때마다 주님의 은혜를 깨닫는 심령이 되게 하셔서, 성령님을 통해 누리는 기쁨을 얻게 하시고, 가슴 구석구석에서 주님의 사랑이 샘물처럼 솟아나게 하옵소서.

지난 주간도 저희는 갖가지 시험과 환난으로 사랑의 주님을 떠난 적이 많았음을 고백합니다.

은혜로우신 하나님 아버지!
저희들을 용서하시고 자비와 긍휼로 더욱 강하게 붙잡아 주시기를 원합니다. 세상의 유혹이나 쾌락이 아버지를 향한 저희의 마음을 나누지 못하게 하시고 흘러가는 세상 영광에 빠져들지 않게 하시며, 항상 낮은 자리에서 주님만을 찬양하며 편안하고 행복하게 살아가게 하여 주시옵소서.

저희들의 모든 기도와 간구를 들어주셔서 가정마다 직장마다 감사와 찬미가 넘치고 더욱 열심히 주님께 충성하며 영광 돌릴 수 있는 기회를 주시옵소서.

밭 가는 자가 곡식 베는 자의 뒤를 따르며 포도를 밟는 자가 씨 뿌리는 자의 뒤를 이으며 산들이 단 포도주를 흘림같이 저희들의 가정 가정이 대를 이어 번성하며 하나님을 경외하고 말씀에 순종하는 축복된 가정으로 줄줄이 열매 맺게 하여 주시옵소서.

세우신 종도 축복하여 주셔서 끝까지 그리스도의 빛을 잃지 않고 열심히 충성하며 주님의 위업을 이루게 하여 주시오며, 이 시간의 예배도 하늘의 능력과 성령으로 뜨겁게 역사되는 복된 시간 되게 하여 주시옵소서.

예수님의 이름으로 기도드렸습니다. 아멘.

주여, 당신께

주여,
저는 당신께 무엇을 구해야 할지 알지 못합니다.
당신만이 제게 필요한 것이 무엇인 줄 아십니다.
제가 저 자신을 사랑하는 것보다
당신이 저를 더욱 사랑하십니다.
아버지여, 어찌 구해야 할지 알지 못하는 그것을
당신의 자녀에게 주십시오.
부수든지 고치든지, 끌어내리든지 높이든지
뜻대로 하십시오.
알지 못할지라도 저는 당신의 모든 뜻을 경애합니다.
잠잠히 저 자신을 산제물로 바칩니다.
저를 당신께 맡깁니다.
당신 뜻 말고는 아무것도 바라는 게 없습니다.
제게 기도하는 법을 가르쳐주십시오.
당신은 제 안에 계십니다.
아멘.

— 프랑소와 페넬론

9월
첫째 주

내 마음과 육체가 살아 계시는 하나님께 부르짖나이다
나의 왕, 나의 하나님, 만군의 여호와여
주의 제단에서 참새도 제 집을 얻고
제비도 새끼 둘 보금자리를 얻었나이다
주의 집에 사는 자들은 복이 있나니
그들이 항상 주를 찬송하리이다
주께 힘을 얻고
그 마음에 시온의 대로가 있는 자는 복이 있나이다
그들이 눈물 골짜기로 지나갈 때에
그 곳에 많은 샘이 있을 것이며
이른 비가 복을 채워 주나이다
그들은 힘을 얻고 더 얻어
나아가 시온에서 하나님 앞에 각기 나타나리이다
시편 84:3~7

영원토록 새롭고
은혜로우신 하나님 아버지!

　죄로 죽었던 저희들에게 은혜를 베푸셔서 하나님을 섬길 수 있도록 새롭게 만들어 주시고, 사랑하는 형제들과 더불어 위로와 평안 속에서 예배하게 하시니 진실로 감사를 드립니다.

　오늘도 영원하신 말씀으로 아버지의 모습을 보여주시고 저희의 모든 것을 새롭게 하셔서 온 마음을 다하여 하나님만을 섬기며 찬양하게 하여 주시옵소서. 또한 성령께서 저희 안에서 역사하사 죄악으로부터 돌아서게 하시며 주님의 말씀에 순종하게 도와주옵소서.

　하나님 아버지!
　가난하고 허약했던 이 나라 이 민족을 택하셔서 발전과 번영의 본보기로 축복하시고 동방의 등불 삼아, 곳곳에 교회를 세워 주시며 온 세계에 복음을 전파시키는 귀한 사명 주심을 감사드립니다. 그러나 아직도 세상은 사랑에 인색하고 악의 무리들이 득세하여 끊임없는 분쟁과 범죄로 날마다 불안한 가운데 있습니다.

　하나님!
　저희를 변화시키사 복음을 들고 세상 가운데 서게 하시고 담대히 그리스도를 증거하여 하나님의 나라를 확장하도록 인도하여 주옵소서. 저희로 인하여 하나님의 일들이 이루어지는 축복을 경험하게 하여 주옵소서.

사랑이 많으신 아버지!
이 예배에 함께 하사 찬양과 경배를 받으시고 은혜를 허락하여 주셔서 오직 주님을 의지하고 주께 영광돌리는 삶을 살게 하여 주옵소서.

모든 것을 주께 맡기며 예수님의 이름으로 기도드렸나이다. 아멘.

 ## 마음이

마음이 작아지지 않게 하소서.
생각과 말과 행동을 관대하게 하소서.
자기 만족을 벗어버리고 되돌아보게 하소서.
동정과 편견 없이, 겉치레 없이,
서로를 만나고 얼굴을 맞대게 하소서.
만사에 시간을 들이고,
고요함과 평온함과 친절함을 키우게 하소서.
더 나은 행동을, 두려움 없이 올곧게
추진하는 법을 가르치소서.
어려움을 일으키는 것은 작은 일들임을 알게 하시고
삶의 큰 일들 속에서 우리는 하나임을 알게 하소서.
주여, 친절함을 잃지 않게 하소서.
아멘.

― 메리 스튜어트

9월

둘째 주

여호와여 주의 인자하심을 우리에게 보이시며
주의 구원을 우리에게 주소서
내가 하나님 여호와께서 하실 말씀을 들으리니
무릇 그의 백성, 그의 성도들에게 화평을 말씀하실 것이라 그들은 다시 어리
석은 데로 돌아가지 말지로다
진실로 그의 구원이 그를 경외하는 자에게 가까우니
영광이 우리 땅에 머무르리이다
인애와 진리가 같이 만나고
의와 화평이 서로 입맞추었으며
진리는 땅에서 솟아나고 의는 하늘에서 굽어보도다
여호와께서 좋은 것을 주시리니
우리 땅이 그 산물을 내리로다
의가 주의 앞에 앞서 가며 주의 길을 닦으리로다

시편 85:7~13

사랑과
화평의 주님!

우주 만물을 섭리하시며 만백성의 참 구주가 되시는 주님께 감사와 찬양을 드립니다. 거룩한 성일, 저희들 발걸음을 귀한 전으로 인도하시고 보혈의 은총을 준비하셨사오니 이 시간도 온 몸과 마음을 다하여 예배 드리며 경배하게 하옵소서.

험난하고 각박한 세상에서 남모르는 슬픔과 괴로움을 가지고 헤매다가 그 무거운 짐들을 여기 다 내려놓았사오니 다 받아 주시고 상처난 영혼을 고쳐 주시기를 원합니다. 하나님 자녀 된 저희들이 믿음 따라 살려고 노력하지만 사탄의 권세와 미혹에 너무도 연약하여 아버지 뜻에 미치지 못하고 또다시 실족하고 범죄하였나이다.

사랑의 주님,
자비를 베푸시며 강한 손으로 잡아주시옵소서. 새로운 은혜로 마음을 채워 악의 권세들을 이기면서 힘차게 찬송하며 나아가게 하여 주시옵소서.

성령께서 저희를 변화시키사 예수님처럼 사랑을 실천할 수 있는 용기를 주시기를 원합니다. 저희에게 모욕과 상처를 준 사람들을 용서할 수 있기를 원합니다. 주님은 십자가에 못 박혀 죽임을 당하시면서도 저희를 용서하고 사랑하셨습니다.

아버지, 그 크신 사랑으로 저희들을 품어 주시옵소서. 용서하겠사오니 먼저 사랑할 수 있는 마음을 허락하여 주옵소서. 세상에는 아직도 아버지를 아버지라고 부르지 못하는 불쌍한 영혼들이 방황하고 있사오니 그들도 기억하시고 잡아주사 모두 구원의 자리로 이끌어 주시옵소서.

선포되는 말씀에 능력을 더하시고 성령 충만하게 하시며 오늘 예배에 주께서 함께 계심을 믿사오며 예수 그리스도의 이름으로 기도드렸나이다. 아멘.

기도시

제가 알아야 할 것을 알게 하시고
제가 사랑해야 할 것을 사랑하게 하시고
당신이 가장 기뻐하실 일을 찬양하게 하시고
당신의 눈에 귀한 것을 소중히 여기게 하시고
당신께 거슬리는 일을 미워하게 하소서.

눈에 보이는 대로만 판단하게 하지 마시고
무지한 인간의 귀에 들리는 대로만
말하지 않게 하시고
눈에 보이는 것과 영적인 것 사이에서
진실한 판단으로 분별하게 하시고
무엇보다도 당신께서 즐거워하실 일이 무엇인지를
늘 살피게 하소서.

- 토마스 아 켐피스

9월

셋째 주

여호와여 나는 가난하고 궁핍하오니
주의 귀를 기울여 내게 응답하소서
나는 경건하오니 내 영혼을 보존하소서
내 주 하나님이여 주를 의지하는 종을 구원하소서
주여 내게 은혜를 베푸소서 내가 종일 주께 부르짖나이다
주여 내 영혼이 주를 우러러보오니
주여 내 영혼을 기쁘게 하소서
주는 선하사 사죄하기를 즐거워하시며
주께 부르짖는 자에게 인자함이 후하심이니이다
여호와여 나의 기도에 귀를 기울이시고
내가 간구하는 소리를 들으소서
나의 환난 날에 내가 주께 부르짖으리니
주께서 내게 응답하시리이다

시편 86:1~7

은혜와 순결의 영이신
하나님 아버지!

참으로 감사합니다. 오늘 귀한 성일을 저희에게 주셔서 이 전에 나와 주님을 찬양하며 경배할 수 있도록 은혜주시니 감사합니다.

감긴 눈을 뜨게 하셨고 막힌 귀를 열어 주셨으며 죽은 마음들을 일깨워 까마득히 잊었던 죄악들을 생각나게 하사 눈물로 통회하게 하시며 새로운 소망과 기쁨, 새 언약으로 새 힘을 얻고 새 생활과 새 마음을 찾게 하셨음을 감사드립니다.

저희들의 평안은 주님의 뜻에 있고 안식은 주님의 사랑에 있으며 기쁨은 주님께 봉사하는 데 있음을 깨우쳐 주신 것도 감사드립니다.

성령님! 입술로만이 아니라 생활에서도 주님을 경배하도록 도와주시옵소서. 늘 깨어 기도하며 시험에 들지 않게 하시고 저희들의 모든 것이 주님께 열납될 수 있도록 더욱 가까이에서 인도하여 주옵소서.

냉혹하고 비정한 세상에서 없다고 무시당하고 약하다고 천대받던 눈물겹던 순간들이 이제 저희 안에 들어와 계신 그리스도로 인하여 사라지게 하옵소서. 하오나 은혜 받고 치료된 것만으로 만족치 않게 하시고 저희 속에 정직한 영을 새롭게 하옵소서. 단순히 이 땅에서 먹고 살기 위해 지친 사람이 되지 않게 하시고 주님이 주신 새 생명을 가지고 귀한 영혼 구하는 하나님의 사역을 하게 하옵소서.

오늘 예배에 참석한 모든 성도들에게 하나님의 크신 은혜가 임하기를 원합니다. 성령 충만함으로 세상에 나가 능히 이기는 삶을 살기를 바랍니다. 주여, 함께 하시어 능력의 말씀을 듣게 하여 주옵소서.

오늘 예배에 주께서 함께 하심을 믿고 이 모든 말씀을 예수 그리스도의 이름 받들어 간절히 기도드렸나이다. 아멘.

오늘도 당신 안에서

오늘도 당신 안에서
제가 일하게 하시니 감사합니다.
저희가 하는 일을 통해
세상을 아름답게 만드소서.
일하는 순간마다
새로 힘이 돋게 하시고
땀 흘리는 가운데
기쁨이 자라게 하소서.
일하면서 지치지 않게 하시고
사람들 안에서
사람들과 더불어
사람들을 위해
제가 하는 모든 일을
당신 앞에 봉헌하게 하소서.

— 한상봉

9월

넷째 주

여호와께서 다스리시니 스스로 권위를 입으셨도다
여호와께서 능력의 옷을 입으시며 띠를 띠셨으므로
세계도 견고히 서서 흔들리지 아니하는도다
주의 보좌는 예로부터 견고히 섰으며
주는 영원부터 계셨나이다
여호와여 큰 물이 소리를 높였고
큰 물이 그 소리를 높였으니
큰 물이 그 물결을 높이나이다
높이 계신 여호와의 능력은
많은 물 소리와 바다의 큰 파도보다 크니이다
여호와여 주의 증거들이 매우 확실하고
거룩함이 주의 집에 합당하니
여호와는 영원무궁하시리이다
시편 93:1~5

나의 힘이 되신 여호와여!

영광과 존귀를 받아 주옵소서. 만유의 주재이신 주님은 알파와 오메가이시며 저희의 믿음과 사랑과 소망의 근원이심을 믿습니다.

찬양 받으시기에 합당하신 주님 앞에 저희들이 모였사오니 소망의 공동체가 되게 하옵소서. 영원한 생명 샘에서 생수를 마시며 목마르지 않는 만족을 얻게 하옵소서. 세상에서 저희들은 죄로 말미암아 더러워져 있으나 이 은총의 자리에서 깨끗함을 받고 정결함 입어 영혼이 새로워지게 하여 주옵소서.

저희들은 오직 하나님만이 저희 길을 완전케 하시며 저희로 실족치 않게 하심을 믿습니다. 주께 의지하오니 저희의 걸음을 인도하시고 주의 온유함으로 덧입혀 주옵소서.

하나님 아버지.
저희의 마음과 정성을 다하여 산 제사를 드리오니 받아 주시고 하늘 문을 활짝 여시어 각양 은혜와 은사를 내려 주옵소서. 모든 성도의 가정이 주의 은혜로 채워지게 하시며 사업이 번창하고 발전하게 하여 주옵소서. 크신 은혜로 말미암아 저희가 열방 중에서 주께 감사하며 주의 이름을 찬송하게 하옵소서.

하나님 아버지!

이 자리에는 약한 자와 병든 자와 슬픔과 환난을 당한 자들이 있습니다. 약한 자에게는 강함을 주시고 슬픔을 당한 자에게는 위로를 주시며, 근심과 고통의 신음소리가 찬송의 소리로 바뀔 수 있는 놀라운 역사를 베풀어 주옵소서.

말씀 속에서 하늘의 평안과 은혜를 체험하게 하시며, 지금 저희의 심령 속에 오시어 주님이 빛으로 모든 어둠을 몰아내 주옵소서. 예수님의 이름으로 기도드립니다. 아멘.

대천덕 신부의 기도

오, 주님!
우리에게 필요한 것을 감사함으로
당신께 구하라고 하셨습니다

그러면 당신께서 예수 그리스도를 통해
저희의 모든 필요를
채워주겠다고 약속하셨습니다

또한 당신께서
몸소 우리의 짐을 져주시고
모든 빚과 우리의 원수들까지도
제해주시겠다고 하셨습니다

그리고 당신의 영광을 위해
우리가 구하거나 생각하는 것에 훨씬 넘치도록
풍성히 채워주시겠다고 약속하셨습니다

오늘도
저희에게 일용할 양식과
필요한 것들을 공급해 주실 줄 믿고
감사드립니다
아멘

10월

첫째 주

여호와께서 내게 도움이 되지 아니하셨더면
내 영혼이 벌써 침묵 속에 잠겼으리로다
여호와여 나의 발이 미끄러진다고 말할 때에
주의 인자하심이 나를 붙드셨사오며
내 속에 근심이 많을 때에
주의 위안이 내 영혼을 즐겁게 하시나이다
율례를 빙자하고 재난을 꾸미는 악한 재판장이
어찌 주와 어울리리이까
그들이 모여 의인의 영혼을 치려 하며
무죄한 자를 정죄하여 피를 흘리려 하나
여호와는 나의 요새이시요 나의 하나님은
내가 피할 반석이시라
시편 94:17~22

하늘에 계신 아버지!

여기 저희들 자비를 구하러 나왔습니다. 그 자비하심을 힘입어 십자가에 못박혀 돌아가신 독생자 예수를 통하여 하나님께 가까이 가며 그분이 당한 고통과 저희 죄를 함께 바라보며 애통해 합니다.

주님께 나아올 때마다 탕자를 맞는 반가움으로 맞아주시고 평안과 안식을 주시니 그 사랑 너무도 감사합니다. 오늘도 저희들이 사랑과 용서를 배우고 진리와 희망을 찾으며, 서로 위로하며 은혜와 기쁨을 나누는 아름다운 하루가 되게 하여 주시옵소서.

또한 새로운 깨우침을 주셔서 비록 저희들이 이 세상에 있으나 속한 곳은 하늘이요, 입으로는 세상 것을 먹으나 심령으로는 하늘의 양식을 먹고, 살기 위해 숨 쉬는 것 같으나 그리스도를 위해 숨 쉬는 택함 받은 자녀라는 것을 확실히 알게 하여 주시옵소서.

이제 고요한 마음으로 허물과 죄를 고백하오니 십자가의 보혈로 깨끗이 씻어주시고 "내가 내 영을 네게 불어넣어 주며 내 도를 행케 하리라" 하신 언약을 이루소서. 주님은 살아 계시며 저희 반석이십니다. 가난한 자의 친구, 죽은 자의 소망이십니다. 저희는 이미 저희의 것이 아니오며 피 값으로 사신 바 되었으니 그 흔적과 표식을 새로이 하시고 저희를 다스려 주옵소서.

이 시간도 세우신 종의 말씀에 함께 하셔서 주님의 이름이 영광을 거두도록 크게 역사하여 주시옵소서. 예수님의 이름으로 기도드렸나이다. 아멘.

사랑하는 하나님 아버지

지난해의 모든 일에 감사하는
마음으로 이 해를 시작합니다.
당신의 끊임없는 사랑에 감사하며
지난날을 보낼 수 있는 힘을
주셨음을 감사합니다.
지난 한 해 동안 당신을 실망시킨
여러 가지 일을 생각할 때 부끄럽습니다.

당신을 즐겁게 하지 못하는 것을 알고도 행하였으며
당신을 즐겁게 하는 것을 알고도 행치 못했습니다.
저는 지난해에 쓸데없는 시간을 낭비했으며
여러 기회를 놓치고 살아왔습니다.

다가오는 새해에는 나로 당신의 뜻 안에서
살 수 있도록 도와 주옵소서.
우리가 새해를 함께 맞이한
이 때에 당신은 온 세계에 있는
당신의 백성에게 함께 계시옵소서.

그리고 새해로 평화의 해가 되게 하여 주소서.

새해는 우리가 좀 더 성숙해지는
한 해가 되게 하여 주시고
친선의 해, 신임과 관용의 해가 되게 하소서.

나의 생명을 당신과 당신의 천국을 위해
가치있게 만드는 방법을 발견토록 도와주소서.
예수님 이름으로 간구합니다. 아멘.

- Haroid & Doroth

10월

둘째 주

오라 우리가 여호와께 노래하며
우리의 구원의 반석을 향하여 즐거이 외치자
우리가 감사함으로 그 앞에 나아가며
시를 지어 즐거이 그를 노래하자
여호와는 크신 하나님이시요
모든 신들보다 크신 왕이시기 때문이로다
땅의 깊은 곳이 그의 손 안에 있으며
산들의 높은 곳도 그의 것이로다
바다도 그의 것이라 그가 만드셨고
육지도 그의 손이 지으셨도다
오라 우리가 굽혀 경배하며
우리를 지으신 여호와 앞에 무릎을 꿇자
시편 95:1~6

이 세상에 내려오셔서 십자가에
못박혀 돌아가실 때까지
모진 고통과 슬픔을 견디셨고
수모와 핍박을 받으시면서도
그들을 사랑하고 용서하신 자비로우신 주님!

그 무한하신 사랑과 은혜를 찬양합니다.
지난 한 주간도 험악한 세상에서 주님을 향한 저희 마음을 지켜주시고 망령되고 허탄한 고통으로부터 보호하셔서 거룩한 성일에 다시 주님 존전에 나아와 경건한 예배로 주님을 경배하며, 하나님께서 저희에게 행하신 모든 좋은 일을 기억하며 즐거워하는 하루 되게 하심을 진실로 감사드립니다.

이 시간도 그간에 지은 저희 죄를 감추지 않고 고백케 함으로써 저희 심령이 자유를 얻어 새로운 생명의 힘이 용솟음치게 하여 주시옵소서. 저희를 위하여 하늘에 간직하신 것들을 모양대로 달란트로 내려 주시되 언제나 저희 영혼이 주님의 거룩한 성소가 되게 하시고 영원한 영광의 자리가 되게 하여 주시옵소서.

거룩하신 하나님.
주님의 몸 된 교회를 잘 섬길 수 있도록 저희들에게 부족한 모든 것들을 공급하여 주시며, 이 교회를 통하여 주님이 기뻐하시고 온전하신 뜻이 무엇인지 분별할 수 있는 은혜를 내려 주시옵소서.

모든 권속들의 가정도 축복하셔서 자녀들에게 영적인 행복을 생각하며 용기를 주는 훌륭한 부모들이 다 되게 하시고, 또한 부모에게 순종하고 효도하는 착한 자녀들이 되게 하셔서 어지러운 세상 중에도 소망과 기쁨과 사랑을 잃지 않으며 하나님을 경외하는 귀한 가정들이 모두 되게 하여 주옵소서.

　오늘 예배에 귀한 은혜 베푸실 것을 믿으며 예수 그리스도의 이름으로 기도합니다. 아멘.

어느 졸업생의 기도

주님, 내가 약간의 지식을 얻었사오니
슬기롭게 사용하여
내가 사는 이 세상을
좀 더 나은 곳으로 만들
그런 길을 보여 주시옵소서

고뇌 많은 삶을
좀 더 뜻있게 살고자 원하오니
믿음과 용기를 베푸시어
나의 나날에 목적을 심으소서

가장 큰 열매를 맺도록
당신 섬길 길 보이시고
나의 모든 배움과 지식과 기술이
당신 뜻 행함을 배워
참 열매 맺게 하소서

내 모든 일 행할 때
언제나 깨닫게 하소서
지식은 배움에서 비롯함이며
지혜는 당신께로부터 비롯되는 것임을……

10월

셋째 주

새 노래로 여호와께 노래하라 온 땅이여
여호와께 노래할지어다
여호와께 노래하여 그의 이름을 송축하며
그의 구원을 날마다 전파할지어다
그의 영광을 백성들 가운데에, 그의 기이한 행적을
만민 가운데에 선포할지어다
여호와는 위대하시니 지극히 찬양할 것이요
모든 신들보다 경외할 것임이여
만국의 모든 신들은 우상들이지만
여호와께서는 하늘을 지으셨음이로다
존귀와 위엄이 그의 앞에 있으며 능력과 아름다움이
그의 성소에 있도다
만국의 족속들아 영광과 권능을 여호와께 돌릴지어다
여호와께 돌릴지어다

시편 96:1~7

저희들을 다스리시며 복 주시는
자비하신 하나님 아버지!

오늘 저희들에게 거룩한 주일을 다시 허락하시고 보좌 앞에 나올 수 있게 하시니 무한 감사합니다.

하나님 아버지!
저희들은 주님의 형상대로 지음을 받았음에도 불구하고 그대로 살지 못하였나이다. 주님의 크신 은혜를 받았으면서도 깨닫지 못하였고 말씀을 떠나 육신의 욕망을 좇아 살아왔나이다. 이 모든 죄악을 고백하오니 불쌍히 여기시고 용서하여 주시옵소서. 이 예배를 통하여 하나님의 크신 사랑을 다시 체험하게 하시고 성령에 붙잡힌 바 되는 시간 되게 하여 주시옵소서.

수고하고 무거운 짐진 자들에게 "다 내게 오라" 하신 주님의 말씀에 따라 모든 무거운 세상 짐을 내려놓고, 주님께서 주시는 멍에를 감사함으로 받는 시간 되게 하옵소서. 말씀에 갈급한 심령 위에 목마르지 않는 생수와 같은 귀한 말씀으로 넘치게 하옵소서.

하나님 아버지!
주님은 온 세계의 주인이시고 영원토록 이 나라를 다스리실 오직 한 분이십니다. 이 나라를 주관하시고 섭리하셔서 공의와 정의가 강물처럼 흐르게 하시고 모두 함께 사랑하는 나라, 온 국민이 주인 되는 나라 되게 하옵소서.

이 교회를 섬기는 사랑하는 종들을 기억하시되 특별히 목사님에게 함께 하셔서 진리의 말씀을 베풀기에 부족함 없는 능력과 지혜를 허락하옵소서.

오늘도 하나님께 영광을 돌리며 귀한 말씀을 듣는 저희에게 큰 은혜가 되게 하옵소서. 이 모든 말씀을 예수님 이름 받들어 기도하옵나이다. 아멘.

나라를 위한 기도

우주와 만물을 창조하시고
인간의 역사를 섭리하시는 하나님.
이 민족을 돌아보시고 이 땅에 복을 내리셔서
감사에 넘치는 오늘이 있게 하심을 진심으로 감사합니다.
하나님께서 오랜 세월 동안
이 민족의 고통과 호소를 들으시고
정의의 칼을 빼셔서 일제의 폭력을 굽히셨으며
세계인의 양심을 움직이시고
우리 민족의 염원을 들으심으로써
역사적인 환희의 날이 우리에게 오게 하시고
하나님의 섭리가 세계 만방에 드러나게 하셨음을 믿습니다.
하나님. 아직까지 남북이 둘로 갈린
이 민족의 고통과 수치를 씻어 주시고
우리 민족, 우리 동포가 손을 같이 잡고
웃으며 노래 부르는 날이
우리 앞에 속히 오게 해 주시기를 기도합니다.
하나님.
민생의 도탄이 오래 갈수록
이 땅에 악마의 권세만 확대될 것이오니
거룩하신 하나님의 영광이
속히 이 땅에 임하게 하시기를 원합니다.
우리에게 독립을 주신 하나님.
이제는 남북의 통일을 주시고 또한 민생의 복락과
아울러 세계 평화를 허락하여 주시기를 원합니다.
우리 주 예수 그리스도 이름으로 기도합니다. 아멘.

― 이윤영, 〈1948년 5월 31일 제헌국회 첫 모임에서의 기도〉

10월

넷째 주

여호와여 시온이 주의 심판을 듣고 기뻐하며
유다의 딸들이 즐거워하였나이다
여호와여 주는 온 땅 위에 지존하시고
모든 신들보다 위에 계시니이다
여호와를 사랑하는 너희여 악을 미워하라
그가 그의 성도의 영혼을 보전하사
악인의 손에서 건지시느니라
의인을 위하여 빛을 뿌리고 마음이 정직한 자를 위하여
기쁨을 뿌리시는도다
의인이여 너희는 여호와로 말미암아 기뻐하며
그의 거룩한 이름에 감사할지어다

시편 97:8~12

고마우신 아버지 하나님!

지금 저희들은 거룩하신 존전에 엎드려 십자가를 바라봅니다. 실로 저희가 무엇이기에 십자가 은혜로 축복의 자손을 만드시고 주님의 따뜻한 품속에 품으사 오늘도 이같은 은혜 속에 지내게 하시는지 그 한량없는 사랑과 은총에 감사할 뿐입니다.

이제 저희들이 온 마음과 정성을 다하여 예배드리오니 새로운 은혜와 축복으로 화답하여 주시며 아벨보다 더 나은 제사되게 하여 주시옵소서.

저희가 아버지께 바치는 하루의 이 기쁨이 세상의 기쁨이 되지 않도록 지켜주옵소서. 돌이켜 보면 참으로 안개와 같고 뜬 구름 같은 세상에서 저희는 이제껏 허망한 것들만을 위하여 어리석게 다투며 살았습니다. 썩어 없어질 육신만을 위하여 굽신거리며 눈치만 살폈습니다.

주여, 이제 모두가 그리스도의 몸으로 다시 태어나서 진리로 자유함을 얻고 하늘의 평안과 기쁨 속에 영적 생활을 할 수 있도록 도와주시옵소서.

아버지께서 거룩하신 것처럼 저희를 거룩케 하시고, 아버지께서 충만하신 것처럼 저희를 충만케 하여 주시옵소서. 이 시간도 저희가 아픔으로 통회하고 눈물로 자복하는 귀한 시간으로 역사하여 주옵소서.

이 교회가 아버지의 뜻을 나타내며 어둔 세상 비추는 등대의 사명을 완수하게 하여 주시옵소서. 세우신 목사님도 축복하셔서 더 크신 능력과 권능으로 채워 주심으로 사마리아와 땅 끝까지 복음을 전하고, 수많은 심령들을 푸른 풀밭과 잔잔한 호숫가로 인도하여 목자의 사명을 다 하도록 지켜주시옵소서.

이 모든 말씀을 사랑이 많으신 예수님의 이름으로 간절히 기도드렸습니다. 아멘.

바클레이의 기도

오! 하나님,
당신의 성령과 능력으로 우리의 온몸을 충만하게 하소서.

우리의 마음속에서부터 모든 더러운 것과
깨끗지 못한 생각을 버리게 하여 주소서.

우리의 정신은 열심히 공부하게 하시고,
대담하게 생각하게 하시고,
좋은 기억력을 갖게 하여 주소서.

우리의 눈이 금지된 것을 보거나 더러운 것을
기쁘게 바라보는 일이 없게 하여 주소서.

우리의 귀가 시끄러운 세상의 잡음을 떠나
당신께서 우리에게 하시는 조용하고도
세미한 음성에 귀기울이게 하여 주소서.

우리의 손은 정직한 하루의 일과를 우리 자신을 위해서,
그리고 다른 사람을 위해서 일하게 하여 주소서.
우리의 발은 우리가 걸어가야 할
바른 길에서 벗어나지 않도록 하여 주소서.

그리하여 우리의 온 몸과 온 영혼을 바쳐
당신 앞에 드리는 제물이 되게 하여 주소서.

10월

다섯째 주

온 땅이여 여호와께 즐거이 소리칠지어다
소리 내어 즐겁게 노래하며 찬송할지어다
수금으로 여호와를 노래하라
수금과 음성으로 노래할지어다
나팔과 호각 소리로 왕이신 여호와 앞에
즐겁게 소리칠지어다
바다와 거기 충만한 것과 세계와
그 중에 거주하는 자는 다 외칠지어다
여호와 앞에서 큰 물은 박수할지어다
산악이 함께 즐겁게 노래할지어다
그가 땅을 심판하러 임하실 것임이로다
그가 의로 세계를 판단하시며
공평으로 그의 백성을 심판하시리로다

시편 98:4~9

저희들의 소망과
기쁨이 되시는 하나님 아버지!

이 시간 지존하신 아버지께 저희가 도달할 수 없음을 아시고 저희 영혼 깊은 곳에 찾아와 주셨사오니 주님의 자비와 긍휼로 이 예배를 인도하셔서 기도 속에 응답하시는 주님의 음성을 듣게 하시고 하늘 끝까지 주의 영광 감사하며 찬양케 하옵소서.

이제 측량할 수 없는 주님의 심판 앞에 저희를 온전히 맡기오니 구원의 빛을 통하여 저희의 추한 모습을 보게 하시고 회개하게 하여 주옵소서.

지혜와 능력과 자비가 충만하신 아버지!
이제 저희에게 용서를 베푸시고 능력과 용기를 주셔서 예정하신 시간에 보여주실 그 영광을 받을 만한 자격과 준비를 갖출 수 있도록 애쓰고 노력하는 삶이 되게 하여 주시옵소서.

진리와 공의로 세상을 다스리시는 아버지!
저희 중엔 아직도 세상에 매여 방황하는 가족들이 있습니다. 그들을 도와주시옵소서. 모두가 주님의 사랑 속에 안길 수 있게 하시고 용서 안에 거할 수 있게 하옵소서. 또한 이 땅 위에 많은 사역을 일으키시며 크신 역사 나타내시고 저희가 주님의 참뜻을 깨달아 능히 그 뜻을 따르며 감당할 수 있도록 필요한 모든 것을 채워주시옵소서.

저희들 가정도 돌보아 주셔서 주님의 사랑이 언제나 가정으로부터 시작되게 하시고 어떤 자녀도 잘못 자라게 마옵시며, 부모로서의 올바른 도리를 다할 수 있도록 도우셔서 늘 화평한 가정에 사랑과 기쁨과 은혜가 차고 넘치게 하옵소서.

이 시간 말씀을 전하시는 목사님을 붙잡아 주셔서 저희들이 주님을 만나고 새로운 생명을 느끼며 기쁨을 얻게 하여 주시옵소서. 예수 그리스도의 이름으로 기도 드렸나이다. 아멘.

새로운 기회들을 위한 기도

오! 하나님, 오늘 하루 동안
내가 저지른 모든 잘못을 사하여 주옵소서.
오늘 하루를 돌이켜 볼 때
내게는 많은 아쉬움이 남습니다.
다시 한번 내게 기회가 주어진다면
훨씬 더 잘할 수 있을 것들과,
다시 또 만난다면
보다 친절하고 정중한 태도로 대할 것 같은 사람들,
내가 하지 말았어야 할 것들과
해서는 안 될 말들,
내가 행하지 않은 것들과
다시는 결코 올 것 같지 않은 기회들이 생각납니다.
그리고 오늘 또다시 내게 주어진다면
반드시 행동으로 옮길 바람직한 충동이 생각납니다.
오! 하나님, 오늘밤 내게 편한 잠자리를 허락하시고,
내게 합당한 방법으로 행하고 살아갈 수 있는
능력과 은혜를 더하시옵소서.
주 예수 그리스도의 거룩한 이름으로 기도드립니다.

— 윌리암 바클레이

11월

첫째 주

너희는 여호와 우리 하나님을 높여
그의 발등상 앞에서 경배할지어다
그는 거룩하시도다
그의 제사장들 중에는 모세와 아론이 있고
그의 이름을 부르는 자들 중에는 사무엘이 있도다
그들이 여호와께 간구하매 응답하셨도다
여호와께서 구름 기둥 가운데서 그들에게 말씀하시니
그들은 그가 그들에게 주신 증거와 율례를 지켰도다
여호와 우리 하나님이여 주께서는 그들에게 응답하셨고
그들의 행한 대로 갚기는 하셨으나
그들을 용서하신 하나님이시니이다
너희는 여호와 우리 하나님을 높이고 그 성산에서
예배할지어다 여호와 우리 하나님은 거룩하심이로다

시편 99:5~9

살아계셔서
이 시간 역사하시는 하나님!

보혈로 적셔진 은혜의 보좌에 그리스도의 이름으로 나아와 찬양과 경배를 드립니다. 주님 앞에 나아올 때마다 형제간에 은혜의 다리를 놓아 주시고 더욱 더 사랑이 깊어지게 하시니 참으로 감사합니다.

거룩하신 하나님.
저희의 죄와 허물을 고백하오니 그리스도를 믿는 모든 이에게 값없이 주시는 사랑의 용서로 오직 주님만을 기뻐 찬양케 하옵소서. 험난한 세상 살아가면서 쓰리고 분했던 마음들과 남몰래 흘렸던 눈물들과 모든 근심과 괴로움이 봄날의 이슬처럼 사라지고 끝없는 화평과 즐거움이 가득할 것을 믿습니다. 끊임없는 기도와 찬양으로 저희의 삶이 변화되게 하여 주옵소서.

결코 저희를 떠나지 않겠다고 하신 주님!
때마다 구원의 즐거움을 저희들에게 회복시켜 주시고 능력의 팔로 붙들어 주시옵소서. 은혜와 자비로 둘러싸시고 주님의 율법을 저희 심령에 기록하셔서, 내일을 위해 염려하지 않고 주님의 긍휼이 계속될 것을 믿으며, 병고와 사망과 흑암 중에도 주의 성령이 승리할 것을 믿습니다.

이 시간 아버지의 말씀을 전하는 단상의 목사님에게도 함께 하셔서 그 입술을 통하여 은혜의 단비가 흠뻑 내리게 하여 주시고 말씀을 통하여 저희 심령의 깊은 곳까지 더듬어 볼 수 있게 하여 주시옵소서.

오늘도 그리스도의 이름을 위하여 수고하는 모든 형제들과 각 기관들과 이국땅의 선교사들을 축복하여 주시고 하늘의 평강으로 다스리시고 거룩함으로 장식케 하옵소서. 예수님의 이름으로 기도드렸나이다. 아멘.

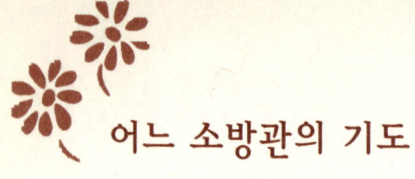

어느 소방관의 기도

하나님이시여,
제가 부름을 받을 때에는
아무리 강렬한 화염 속에서도
한 생명을 구할 수 있는 힘을 저에게 주소서

너무 늦기 전에 어린아이를
감싸안을 수 있게 하시고
공포에 떨고 있는 노인을 구하게 하소서

격렬한 화염 속에서도 저의 귀를 지켜주시어
가냘픈 외침까지도 들을 수 있게 하시고
신속하게 화재를 진압하여
어려운 이웃의 재산을 지키게 하소서

제가 모든 일에 최선을 다할 수 있게 하시어
우리 이웃들이 편안한 마음으로
숙면할 수 있도록 지키게 하여 주소서

그리고 하나님의 뜻에 따라
저의 영혼이 육신으로부터 떠나게 되면
신의 은총으로 속세에 홀로 남을
저의 아내와 가족을 돌보아 주소서

11월

둘째 주

온 땅이여 여호와께 즐거운 찬송을 부를지어다
기쁨으로 여호와를 섬기며 노래하면서
그의 앞에 나아갈지어다
여호와가 우리 하나님이신 줄 너희는 알지어다
그는 우리를 지으신 이요 우리는 그의 것이니
그의 백성이요 그의 기르시는 양이로다
감사함으로 그의 문에 들어가며
찬송함으로 그의 궁정에 들어가서
그에게 감사하며 그의 이름을 송축할지어다
여호와는 선하시니 그의 인자하심이 영원하고
그의 성실하심이 대대에 이르리로다
시편 100:1~5

자비롭고 거룩하신
여호와 하나님!

　찬양과 영광을 온전히 주님께만 올려 드리오니 받으시옵소서. 하나님께서 저희를 위하여 귀한 성일을 허락하시므로, 기쁨과 감사함으로 나왔습니다.

　이 시간 살아계신 하나님과 신령한 교제가 있게 하시고, 거짓 없는 진실한 마음을 주셔서 신령과 진정으로 예배드리는 복된 시간 되게 하옵소서.

　거룩하신 하나님 아버지!
　그러나 이 시간 저희들의 모습을 돌이켜보면, 육신이 연약하고 믿음이 부족하여 세상과 벗하여 살아왔나이다. 죄와 허물뿐인 이 죄인들을 불쌍히 여기시고 예수 그리스도의 보혈로 다시 깨끗함 얻는 시간 되게 하옵소서.

　이 시간 이 몸 된 교회를 위하여 간구합니다. 뜻이 있으셔서 이 제단을 세우시고 오늘날까지 지켜 주시며 부흥 발전케 하시니 감사합니다. 바라옵기는 저희 교회가 이 사회에서 노아의 방주와 같은 구원의 역할을 감당하게 하시고 어둡고 험한 세상을 향하여 복음의 기쁜 소식, 참 생명의 소식을 전하는 사명을 감당할 수 있게 하옵소서.

모으기보다는 나누는 교회, 세상을 위하여 겸손한 섬김의 자세를 가지는 교회 되게 하옵소서. 정의가 살아 움직이며 불의를 용납지 않는 교회되게 하옵소서.

여러 가지 사정으로 이 예배에 참여하지 못한 성도들을 기억하시고 항상 은혜를 기억하며 살게 하옵소서. 오늘도 단에 서서 주님의 귀한 말씀을 증거하실 목사님에게 함께 하셔서 오묘한 진리의 말씀이 그 종을 통하여 드러나게 하시며 큰 은혜와 깨달음이 있는 복된 시간 되게 하옵소서.

저희 예배를 받아 주시기 원하오며 예수님 이름으로 간절히 기도하옵나이다. 아멘.

형제의 참 사랑을 위한 기도 1

내가 나만 쳐다보다가
내 수렁에 스스로 빠지지 않게 하소서.
내 마음을 넓혀주시고
내 뜻을 높게 해주소서.

나를 넘어선 따뜻한 시선으로
하나님 당신과 이웃을 보게 하시고
형제가 당하는 어려운 고비마다
함께 무릎으로 나아가도록 도와주소서.

나에게 베풀어진 형제의 사랑을
셈하지 않게 해주시고
내가 베푼 사랑을 과장하지 않도록
내 마음을 지켜주소서.

슬프고 괴롭고 섭섭한 순간들조차
내 사랑이 닿지 못한 높이와
내 사랑이 펴지 못한 넓이의
쓸쓸함을 깨닫게 하소서.

— 최일도

11월

셋째 주

자기의 이웃을 은근히 헐뜯는 자를
내가 멸할 것이요
눈이 높고 마음이 교만한 자를
내가 용납하지 아니하리로다
내 눈이 이 땅의 충성된 자를 살펴 나와 함께 살게 하리니
완전한 길에 행하는 자가 나를 따르리로다
거짓을 행하는 자는 내 집 안에 거주하지 못하며
거짓말하는 자는 내 목전에 서지 못하리로다
아침마다 내가 이 땅의 모든 악인을 멸하리니
악을 행하는 자는 여호와의 성에서 다 끊어지리로다

시편 101:5~8

능력과 화평이 되시는
사랑의 주님!

　십자가에 못박혀 죽임을 당하시면서도 그들을 용서하신 자비로우신 아버지!
　그 측량할 수 없는 사랑과 은혜에 감사를 드립니다. 피로 값주고 사신 이 죄인들을 더 이상 버려두지 않으시려고 하나님의 자녀 되는 권세를 주시고 오늘도 은혜의 손으로 붙잡아 주셔서 감사합니다.

　냉랭해진 심령들을 녹이시고 그 입술을 열어 기도와 찬송에 불붙여 주시고 말씀을 묵상할 때에도 깨달으며 즐거워하는 자들이 되게 하여 주시옵소서.

　저희는 선한 것을 좋아하면서도 선한 체만 하였습니다. 거룩하신 하나님! 욕망과 시기로 가득 찬 저희들에게 이 시간 특별한 은혜를 내리시어 저희가 주님 앞에 어떤 존재인지 형제들 앞에 어떤 존재인지 알게 하여 주시옵소서. 이제 저희를 용서하시고 세상의 근심과 욕망으로부터 보호하사 주님 이외의 욕망 때문에 주님을 떠나는 일이 없게 하여 주시옵소서.

　이 시간 저희들이 예물을 바칠 때에도 온 마음과 정성을 다하여 기쁘게 올리게 하여 주셔서 한 닢 과부의 정성과 아무것도 바칠 것이 없어 안타까워하는 그 마음을 더욱 기쁘게 받으시는 주님의 마음에 합하게 하여 주옵소서.

특별히 그리스도의 이름을 위하여 남다른 열정으로 수고하는 모든 봉사자들을 축복하여 주시고 하늘의 지식과 은총 속에서 항상 건강과 기쁨과 감사가 넘치게 하여 주시옵소서. 오늘도 주님이 함께 하시는 이 시간에 끝없는 감사와 찬양을 올리며 예수님의 이름으로 기도합니다. 아멘.

형제의 참 사랑을 위한 기도 2

당신이 심어주신 척박한 땅에서
당신이 불러주신 공동체 안에서
당신이 원하시는 아름다운 빛깔로
형제의 참사랑을 꽃피우게 하소서.

오직 하나인 목숨
이승의 남은 햇살을
서로 사랑함으로 불태우게 하시고
화해와 일치의 도구로 쓰이게 하소서.

주여, 오늘도
더욱 사랑하지 못한 아픔으로만
참회하는 영혼이게 하시고
흠뻑 젖는 가슴이게 하소서.

아아-
사랑 때문에만
오로지 사랑 때문에만
이 생명 타오르게 하소서.

- 최일도

11월

넷째 주

내 영혼아 여호와를 송축하라
내 속에 있는 것들아 다 그의 거룩한 이름을 송축하라
내 영혼아 여호와를 송축하며
그의 모든 은택을 잊지 말지어다
그가 네 모든 죄악을 사하시며 네 모든 병을 고치시며
네 생명을 파멸에서 속량하시고
인자와 긍휼로 관을 씌우시며
좋은 것으로 네 소원을 만족하게 하사
네 청춘을 독수리 같이 새롭게 하시는도다
여호와께서 공의로운 일을 행하시며
억압 당하는 모든 자를 위하여 심판하시는도다

시편 103:1~6

사랑과 은혜가 풍성하신
하나님 아버지!

　이 시간 저희를 이 귀한 자리로 인도하심을 감사드립니다. 은혜와 사랑이 가득하고 귀한 목사님과 성도들과 더불어 예배드리게 하시니 참으로 감사하고 감사하옵나이다.

　오늘도 변함없는 사랑과 자비로 상처 입은 영혼들을 보살펴 주시고 모두가 진정한 간구의 영으로 하나님과 교통하는 흡족한 시간이 되어 새 생명의 풍성함으로 생수의 강이 흐르게 하여 주시기를 원합니다.

　저희는 주님을 거스르며 세상을 벗 삼은 간음자들요, 죄없이 흘리신 주님의 피를 갚지 못하고 그 사랑을 거스른 죄인들입니다. 이제 그 부끄러운 얼굴을 감히 들고 온전히 저희를 주님 앞에 드리오니 받아주시옵소서.

　아버지!
　저희가 세상을 살며 경멸과 천대를 받고 사람들 앞에서 무너지며 고통과 질병으로 괴로움을 당할지라도 새로운 빛이 번져오는 새벽에 다시 일어나 하늘의 능력을 받을 수 있는 힘을 주시며, 하나님을 사랑하기 때문에 당하는 시련과 아픔을 기쁘게 감사하며 인내할 수 있도록 도와주소서.

아버지!

이 험악하고 어지러운 세상을 위하여 저희가 기도하게 하셔서 하루 속히 주님의 나라가 임하는 것을 보게 하여 주시옵소서. 저희들을 통하여 주님 생명의 능력이 나타나게 하시고 저희가 살든지 죽든지 오직 저희 안에 주님을 영화롭게 하셔서 온 땅이 하늘의 영광으로 가득하게 하여 주시옵소서.

저희가 살고 있는 이 나라와 이 사회를 위하여도 저희와 저희 교회가 짐을 지게 하시며, 하나님의 영광을 위하여 끊임없이 주님의 사역을 감당하게 하시옵소서.

오늘도 선포되는 말씀 앞에 겸손하게 하시고 이 예배를 진정과 신령으로 드리게 도와주시옵소서. 예수님 이름으로 기도합니다. 아멘.

오직 하나인 특별한 당신 1

물론 당신은 특별하기를 원합니다.
누구나 다 그렇듯이 말입니다.
그런 소망은 숨 쉬는 것만큼
자연스럽고 정당한 것입니다.
그런데 여기
아주 기쁜 소식이 있습니다.
그것은 당신이 이미
특별하다는 것입니다.
당신은 누구와도 다른 유일한
존재이니까요.
당신은 다른 모든 사람과는
다른 유일무이한 사람입니다.
이 세상 어느 누구도
당신과 똑같은 사람은 있어 본 적도 없고
앞으로도 없을 것입니다.

뿐만 아니라 당신은 아직
완성되지 않았습니다.
당신은 자라고 있으니까요.

― 메리 마고

12월

첫째 주

여호와여
주께서 하신 일이
어찌 그리 많은지요
주께서 지혜로 그들을 다 지으셨으니
주께서 지으신 것들이 땅에 가득하니이다
여호와의 영광이 영원히 계속할지며
여호와는 자신께서 행하시는 일들로 말미암아
즐거워하시리로다
시편 104:24,31

저희를 사랑하시는 하나님 아버지!

　에덴에서 쫓겨난 저주 받은 인간들이 험난한 세상을 매일 고달프게만 살아가지만 주님께서 비춰 주시는 십자가 구원의 빛이 있었기에 저희는 결코 슬퍼하지 않았습니다. 저희들을 빛 가운데 모으시고 서로 믿고 사랑하고 연합하여 의의 길로 나아가게 하여 주셨음을 진실로 감사드립니다.

　저희는 주께서 기르시는 어린 양입니다. 비록 완악하고 강퍅하며 때로는 길을 잃고 헤맬지라도 그 얼굴 감추지 마시고 홀로 있게 마옵소서. 실족하고 범죄했을 때라도 즉시 깨닫고 회개하게 하여 주시고, 채찍 맞아 아프더라도 주님의 손으로 때리시고 어루만져 주시옵소서.

　독생자를 보내시어 죽음의 고통을 맛보게 하시기까지 저희를 사랑하신 주님! 이 시간도 저희와 동행을 약속하신 그 언약을 새롭게 하시고, 제자들의 발을 씻기신 그 사랑으로 죄악 세상에서 더러워진 저희 발을 씻어 주시옵소서.

　비록 저희는 추한 모습 가릴 수는 없지만 빛나는 그리스도의 의와 피로 새 옷 지어 입고 하늘 끝까지 날개 쳐 오르고 싶습니다. 끊임없는 지혜를 공급해 주시고 마땅히 행할 바를 가르쳐 주셔서 주님께 쓰임 받을 수 있도록 저희를 만드시고 변화시키고 사용하여 주시옵소서.

아버지!

세상에는 아직도 길을 잃고 헤매며 들짐승의 노략거리가 되고 있는 수많은 심령들이 있습니다. 잃어버린 자를 찾고 쫓긴 자를 돌아오게 하며 상하고 병든 자를 싸매어 주시겠다고 하신 아버지! 그들을 건져 주시옵소서. 그들에게도 주님의 언약을 이루시고 주님이 구원자인 줄 알게 하여 주시옵소서.

오늘도 기쁨으로 봉사하는 형제들과 각 기관과 교역자들을 축복하여 주시고 영육간에 형통케 하여 주시옵소서. 예수님의 이름으로 기도드렸나이다. 아멘.

오직 하나인 특별한 당신 2

당신은 더욱더 특별해지기 위해
자라나는 과정에 있습니다.
삶의 모든 재료는
당신 주위에 널려 있습니다.
그 재료들을 당신 성장을 위해 사용하십시오.
그것은 당신이 더욱 완전히
당신 자신이 되는 길이기 때문입니다.
최선의 당신
가장 유일한 당신
그 누구도 아닌 당신
유사한 당신이 아니라
바로 진정한 당신 말입니다.

그러니, 스스로 자라도록 하십시오.
바로 이 순간은
다시는 되풀이되지 않는
하나님이 창조하신
바로 그 사람이 될 수 있는
유일한 기회입니다.
당신은 단 한 번의 삶을
누릴 수 있을 뿐입니다.
시간은 짧습니다.
어제는 이미 지나갔으니
오늘을 사십시오.

자신이 자라도록 힘씀으로써
특별한 존재가 되십시오.
지금 시작하십시오.

— 메리 마고

12월

둘째 주

여호와께 감사하고 그의 이름을 불러 아뢰며
그가 하는 일을 만민 중에 알게 할지어다
그에게 노래하며 그를 찬양하며
그의 모든 기이한 일들을 말할지어다
그의 거룩한 이름을 자랑하라
여호와를 구하는 자들은 마음이 즐거울지로다
여호와와 그의 능력을 구할지어다
그의 얼굴을 항상 구할지어다
그의 종 아브라함의 후손 곧 택하신 야곱의 자손 너희는
그가 행하신 기적과 그의 이적과
그의 입의 판단을 기억할지어다

시편 105:1~5

자애로우신
하나님 아버지!

사랑의 빛으로 밝혀 주시고 피곤한 심령에 평안과 안식을 주시며 모든 눈물과 상처를 씻어 주시는 한량없는 사랑과 크신 은혜에 감사를 드립니다.

이 시간도 곤비한 영혼들이 피 흘리는 주님 옆구리에 기대어 찢겨진 마음을 내려놓았사오니 탕자처럼 주님을 떠나 세상에서 허둥대며 돼지처럼 추한 것만 찾아 먹던 저희들에게 거룩한 예배를 통하여 신성한 하늘 양식을 주시며 주님의 이름으로 저희 죄를 고백케 하사 새 생명의 기쁨을 맛보게 하여 주시옵소서.

고마우신 아버지!
이제 저희들에게 감사의 영을 허락하여 주시옵소서. 저희들 가운데는 궁핍하고 외롭고 병들고 약한 자 있사오나 주님이 주신 영생을 받아 세상에서 승리하며 살게 하셨음을 깨닫게 하시고 죽어도 죽지 않는 행복한 자가 되었음을 알게 하여 주시옵소서.

아버지!
또한 저희들에게 언제나 주님만 의지하고 바라보게 하시려고 연약함을 주셨고, 지혜롭게 하시려고 가난도 주시며, 더 큰 축복과 기쁨을 주시려고 시험과 환난을 주시는 것을 깨닫고 감사를 드립니다.

주님의 사랑과 진리를 가르치시려고 질병과 고통도 주시며 순종과 겸손을 가르치시려고 멸시 천대도 받게 하셨음을 깨닫고 또한 감사드립니다. 이 측량할 수 없는 주님의 섭리와 사랑을 깨닫고 주 안에서 모든 영광 찾게 하사 기쁘게 십자가 지고 소망의 목적지까지 도달하여 예비하신 복락을 누리게 하여 주시옵소서.

세우신 목사님이 하나님의 말씀을 전하실 때에도 마음과 생각과 뜻을 감찰하여 말씀을 듣는 저희 모두가 말씀으로 충만하여 만물을 새롭게 바라보고 하나님의 뜻을 온전히 따르는 자들이 되게 하여 주시옵소서. 예수님의 이름으로 기도 드렸나이다. 아멘.

외로울 때

하나님 아버지!
아버지의 뜻과는 다르게 저는 제 생각에 의하여
자신이 슬프고 피곤하며 놀라움으로 당신께 가옵니다.
제 영혼 속의 격렬하고 끊임없는 투쟁으로 충만한
저의 외로움에서 저를 구하여 주옵시고,
제가 어리석게 쌓은 장벽을
아버지께서 부수어 열어 주사
저로 하여금 친구와 가족의 안락함과
평안과 기쁨을 알도록 하옵소서.
또한 제가 분노와 실패로 당신을 등지고
세운 장벽을 함께 무너뜨려 주옵소서.

하나님 아버지.
저는 언제나 실망과 우유부단함과 투쟁하고
의심하는 생각으로 인하여 괴로워하고 있습니다.
오로지 아버지 하나님의 사랑과 보호하심을 통하여서만
제가 새로운 생활을 찾을 수 있음을 아오니
저를 사랑과 보호하심으로 구원해 주소서.
아버지 하나님께서 저와 함께 계심으로서만
저는 참으로 외롭지 않을 것을 아옵니다.

진정,
참다운 평화는 주님의 계심에서만 옵니다.
저는 제 몸을 당신께 드리며
당신의 발 앞에 엎드려 경배드립니다.
우리주 예수 그리스도의 이름으로 기도합니다. 아멘.

— 루이스 더햄

12월

셋째 주

하나님이여 내 마음을 정하였사오니
내가 노래하며 나의 마음을 다하여 찬양하리로다
비파야, 수금아, 깰지어다 내가 새벽을 깨우리로다
여호와여 내가 만민 중에서 주께 감사하고
뭇 나라 중에서 주를 찬양하오리니
주의 인자하심이 하늘보다 높으시며
주의 진실은 궁창에까지 이르나이다
하나님이여 주는 하늘 위에 높이 들리시며
주의 영광이 온 땅에서 높임 받으시기를 원하나이다
주께서 사랑하시는 자들을 건지시기 위하여
우리에게 응답하사 오른손으로 구원하소서
시편 108:1~6

영원한 사랑이시며
생명이 되시는 아버지!

이 시간 연약하고 외로운 심령들이 주님을 의지하고자 나왔습니다. 저희의 쓰리고 아픈 상처가 주님의 사랑으로 치유받기를 참으로 원합니다. 고통받고 서러움 당한 이야기들을 주님께 모두 아뢰오니 저희에게 위안과 평안을 허락하여 주시옵소서.

저희들이 슬퍼하고 눈물 흘릴 때 언제나 부르셔서 하늘의 기쁨으로 이끌며 평안 가운데 거하게 하시는 고마우신 주님. 저희가 주님 앞에 회개의 영을 힘입어 모든 죄를 고백하오니 보혈의 은혜로 정결하게 하여 주시기를 간구합니다. 어리석은 저희를 용서하여 주시고 주님께서 원하시는 삶을 살 수 있도록 도와주시옵소서.

구원을 허락하신 주님.
그리스도의 발자국이 모든 인류의 생애에 남아서 역사해 주시는 것을 감사드립니다. 그 발자국으로 인하여 그리스도의 복음이 땅끝까지 전파되고 간증되어서 이 세상 모든 민족들이 온통 하나님을 경외하는 세상을 만들어 주시고 주님이 그곳에 기쁘게 강림하셔서 평화롭고 행복한 낙원을 건설하고 다스려 주시기를 간절히 원합니다.

이리가 어린 양과 함께 거하고 표범이 송아지와 함께 누우며 사자가 소처럼 풀을 먹으며 젖 먹는 아이가 독사의 구멍에서 장난하는 꿈같은 세상이 하루 속히 오게 하여 주시옵소서.

세우신 목사님에게도 권능과 성령의 전신갑주와 창검을 주시어서 주리고 목마른 영혼들에게 진리의 샘물을 나누어 줄 수 있는 바울의 역할을 감당하게 하여 주시옵소서.

이 모든 말씀 예수 그리스도의 이름으로 기도드렸습니다. 아멘.

어머니의 기도

아이들을 이해하고
아이들의 말을 끝까지 들어주며
묻는 말에 일일이 친절하게 대답하도록 도와주소서
면박을 주는 일이 없도록 도와주소서
아이들이 우리를
공손히 대해주기를 바라는 것과 같이
우리가 잘못을 저질렀다고 느꼈을 때
아이들에게 잘못을 말하고
용서를 빌 수 있는 용기를 주소서
아이들이 저지른 잘못에 대해
비웃거나 창피를 주거나 놀리지 않게 하여 주소서
우리들의 마음 속에 비열함을 없애주시고
아이들에게 잔소리를 하지 않게 하여 주소서

— 작자 미상

12월

넷째 주

그의 손이 하는 일은 진실과 정의이며
그의 법도는 다 확실하니
영원무궁토록 정하신 바요
진실과 정의로 행하신 바로다
여호와께서 그의 백성을 속량하시며
그의 언약을 영원히 세우셨으니
그의 이름이 거룩하고 지존하시도다
여호와를 경외함이 지혜의 근본이라
그의 계명을 지키는 자는 다 훌륭한 지각을 가진 자이니
여호와를 찬양함이 영원히 계속되리로다

시편 111:7~10

하늘과 땅을 명하시고 죽은 자를 살리시며
바람과 바다가 순종하는 전능하신 아버지여!

그 엄위하신 보좌 앞에 경건한 마음으로 경배를 드립니다. 언제나 저희의 한숨을 들으시고 눈물을 헤아리시며 넘치는 자비로써 사랑과 축복을 허락하시는 한없는 은혜에 감사를 드립니다.

오늘도 연약한 심령들이 지친 모습으로 아버지를 찾아 나왔사오니, 그리스도의 의와 피로 회복시켜 주시고 진리를 볼 수 있는 눈과 주님의 음성을 들을 수 있는 귀와 주님의 섭리를 알 수 있는 신령한 은사를 주셔서 저희들의 믿음을 잘 간직하게 하여 주시옵소서.

주님!
저희가 주를 널리 자랑하며 알리게 하옵소서. 죽어도 죽지 않고 썩어도 썩지 않을 사랑을 만드셨으니 주의 은혜를 어찌 감당할 수 있습니까? 여호와를 경외할 때 정녕 장래가 있고 소망이 끊어지지 아니하며 기쁨과 즐거움뿐인데 어찌 죄인의 형통을 부러워할 수 있습니까?

아버지! 비록 저희가 모든 재물을 잃더라도 아버지의 사랑을 잃어버리는 일이 없게 하시고 병들고 고생해도 아버지의 뜻을 의심하는 일이 없게 하시며, 세상 사람들에게는 버림받아도 하나님을 저버리는 일이 없게 하여 주옵소서.

우리 욕심보다 다른 사람이 풍성하기를 소망하게 하시며, 많이 쌓기를 바라지 말고 적게 가지면서 풍성하게 하시며, 낮은 자리를 항상 찾게 하사 아버지의 뜻이 저희 안에서 완전히 이루어지도록 기도하게 하옵소서.

온 성도가 서로 이해하고 감싸주며 살아가게 하시고 천국의 기쁨을 서로 나누며 빛과 소금이 되게 하여 주옵소서. 단에 서신 목사님에게 은혜와 진리가 늘 충만하게 하시며 영육이 함께 강건하게 하옵소서.

이 시간 올리는 이 예배도 기쁘게 흠향하실 줄 믿사오며 예수님의 이름으로 기도드렸나이다. 아멘.

청년이 무엇으로
그의 행실을 깨끗하게 하리이까
주의 말씀만 지킬 따름이니이다
내가 전심으로 주를 찾았사오니
주의 계명에서 떠나지 말게 하소서
내가 주께 범죄하지 아니하려 하여
주의 말씀을 내 마음에 두었나이다
시편 119:9~11

2장

표준 대표기도문

대표기도 1

하나님 아버지, 진실로 감사합니다. 오늘도 우리는 주의 부르심에 힘입어 주 앞에 나아왔습니다. 지난 한 주간도 주의 뜻대로 살려고 애를 썼지만 너무도 부족하여 육신의 정욕과 이생의 자랑에 얽매여 지낼 때가 많았습니다. 우리의 죄악을 고백하오니, 십자가의 능력으로 깨끗케 하여 주시옵소서.

하나님 아버지! 더 이상 우리가 미약한 상태에 머물지 말게 하옵시고, 이제부터 하나님의 역사를 믿음의 눈으로 바라볼 수 있게 하옵소서. 하나님이 우리를 인도하시며, 하나님의 은혜와 생명의 강으로 들어가게 하옵소서. 원수까지도 사랑하셨던 주님의 가슴으로부터 흘러내리는 그 은총의 강으로 우리 영혼이 잠기는 역사를 일으켜 주옵소서. 이제 우리들이 주님의 사역에 도구됨을 가장 큰 기쁨으로 여기는 믿음의 일꾼이 되게 하옵소서.

오늘도 우리에게 비전을 주시는 생명의 말씀이 이 강단에 흘러 넘치기를 원합니다. 세우신 목사님을 강한 팔로 붙드셔서 우리로 말씀 앞에 변화되는 역사가 일어나게 하옵소서. 진실로 주님의 은혜가 강물처럼 넘치는 예배가 될 줄로 믿습니다. 우리 모두 은혜의 강물에 흠뻑 젖게 하옵소서. 예수님의 이름으로 기도드립니다. 아멘.

대표기도 2

하나님 아버지, 우리를 긍휼히 여기시고 복 주시기 위하여 오늘도 불러주심을 감사드립니다. 우리를 사랑하사 독생자를 십자가에 달려 죽게 하시고, 다시 부활시키사 우리로 하여금 이 날을 기뻐하며 예배하게 하신 하나님의 그 크신 은혜를 진심으로 감사드립니다.

거룩하신 하나님.

우리 민족을 위하여 기도드립니다. 분단의 민족으로 살아온 지 반세기가 지나면서 우리는 아직도 분단의 슬픔 속에 있습니다. 북한의 공산체제 하에서 고통 받는 백성들을 긍휼히 여겨 주옵소서. 하나님이 바라시는 모습으로 남북이 하나 될 수 있게 하옵소서. 헤어진 가족들과 친지들이 만나게 하시고, 무너진 북한의 교회들이 다시 재건되게 하옵소서. 그곳에서도 찬송과 기도 소리가 울려 퍼지는 놀라운 은혜를 허락하시기 원합니다.

진정으로 우리 한국교회가 하나님이 원하시는 아름다운 일들을 행하여 우리 민족 전체가 회개하고 돌아오는 놀라운 일들이 나타나게 하옵소서. 그 일에 우리 교회를 동참시켜 주옵소서. 쓰임받기 원하는 많은 일꾼들이 자원하여 일어나게 하옵소서.

예수님의 이름으로 기도드립니다. 아멘.

대표기도 3

　어제나 오늘이나 영원토록 동일하시며, 변함없이 우리를 지키시고 보호하시는 하나님.
　주님의 크신 은혜와 사랑을 진심으로 감사드립니다. 우리가 아직 하나님을 모르고 죄인 되었을 때에, 하나님께서 우리를 먼저 사랑하셔서 독생자를 이 땅에 보내셨습니다.
　그럼에도 불구하고 우리는 자신을 사랑하며 돈을 사랑하며, 스스로 높이고 목이 굳어져서 교만한 모습으로 살아가고 있습니다. 거룩함도 없고, 절제하지 못하고, 하나님의 뜻을 거역하며 하나님보다 쾌락을 더 사랑하는 잘못된 길에 들어서 있습니다.
　경건의 모양만 갖추기에 급급한 나머지 경건의 능력은 생활 속에서 나타내지 못하는 무기력한 삶을 살아가고 있습니다. 주여, 우리를 불쌍히 여기시고 도와주옵소서. 십자가의 보혈의 능력을 체험하게 하옵소서. 우리의 영혼이 말씀의 능력으로 강건하게 하옵소서.
　주여, 우리 교회를 위해 기도합니다. 하나님 보시기에 합당한 교회가 되어서 주의 일을 잘 감당하는 능력 있는 교회 되게 하옵소서. 어두운 역사에 불빛을 비추는 등대가 되어 죽어가는 무리를 구원으로 인도하는 교회 되게 하옵소서. 예수님의 이름으로 기도드립니다. 아멘.

대표기도 4

    이 땅에 있는 모든 생명을 사랑하시는 하나님, 그 사랑에 감격하여 우리로 하여금 주 앞에 서게 하심을 감사드립니다. 오늘 우리를 주의 제단에 세워 주셨사오니, 십자가의 구속의 은총으로 우리를 깨끗케 하실 줄 믿습니다.
    사랑하는 하나님, 하나님의 크신 은총 아래 우리의 죄를 자복합니다. 하나님을 믿는 성도라고 하면서도 진실로 그 이름에 합당한 삶을 살지 못했음을 고백합니다.
    이제부터는 우리들이 참된 성도의 길을 걸어가게 하옵소서. 주께서 주신 시간과 은사와 모든 힘들을 주를 위해서 사용하게 하옵소서. 사랑과 소망과 믿음의 말들과 행동들을 하게 하셔서 공동체에 덕을 끼치게 하옵소서. 보다 더 말씀 앞에 복종하여 말씀이 인도하는 대로 살아가게 하옵소서. 그리하여 능력 있고 생명력 있는 종으로서의 길을 걷도록 은총을 베풀어 주옵소서.
    오늘 모인 우리들 중에 아직도 주님을 완전히 신뢰하지 못하고 의심하는 사람이 있다면 성령께서 그들을 붙드셔서 마음 중심으로 주님을 영접하게 하시고, 새로운 천국시민의 삶을 살아가게 하옵소서. 그리고 성령께서 우리 모두를 도우셔서 하나님과 동행하는 삶을 살아가게 하옵소서. 구원자 되신 예수님의 이름으로 기도드립니다. 아멘.

대표기도 5

인류의 주인 되시는 하나님 아버지.

감사와 찬양과 영광을 돌립니다. 주님의 날을 맞이하여 부족한 우리들을 불러주시고 주님께 나오게 하시니 감사합니다. 그러나 주님의 사랑과 가르침을 준행하기보다는 육신의 정욕대로 살아온 것을 이 시간 고백합니다. 주님의 은총을 의지하고 나왔사오니 주님의 보혈로 성결하게 하시고, 성령의 기름으로 새롭게 하옵소서.

하나님, 이 나라를 이끌어가는 정치인들에게 하나님의 뜻과 섭리를 볼 수 있는 지혜를 주셔서 하나님을 경외하며 백성을 위해 봉사하는 자들이 되게 하옵소서. 먼저 주님의 몸 된 교회들이 주님을 섬기는 일에 하나가 되어 나라와 민족을 살리는 일에 앞장서게 하옵소서.

하나님 아버지, 헐벗고 굶주리는 우리의 이웃들이 있습니다. 주님께서 그들을 지켜주시고, 우리로 하여금 그들과 더불어 살아갈 수 있는 사랑과 용기를 더하여 주옵소서.

사랑의 하나님, 우리 교회를 지금까지 지켜 주시고 인도해주심을 감사드립니다. 이 지역 사회에 구원의 빛이 되게 하시고 사랑을 나누는 교회의 사명을 성실히 감당하는 교회, 앞서가는 교회가 되게 하옵소서. 예수님의 이름으로 기도합니다. 아멘.

대표기도 6

　사랑의 하나님 아버지, 우리를 먼저 사랑하시고 주의 자녀로 삼으신 것을 감사드립니다. 예수 그리스도를 통하여 참 생명과 천국의 소망을 주시고, 거듭난 백성이 되게 해 주시니 감사드립니다.
　예수님을 통해 확증해 주신 하나님의 사랑이 너무나 크오니, 그 사랑 안에 늘 거하게 하시고, 주님의 말씀대로 행하여서 예수 그리스도의 이름을 더욱 높여 드리는 귀한 믿음을 주옵소서. 세상의 즐거움이나 유익함보다 주님의 날을 소중히 여기며 기억하는 성도들이 되게 하여 주옵소서.
　말씀으로 주님의 백성을 먹이시는 목사님께 하나님의 전신갑주를 입혀 주시고 말씀을 받는 우리들은 회개와 결단이 있게 하옵소서. 전능하신 하나님, 주님께서 가르쳐 주신 바른 길로 행하게 하시고, 크신 능력을 덧입혀 주셔서 곤비치 않고 힘있는 삶이 되게 하옵소서.
　말씀과 기도로 무장하고 주의 복음을 담대히 전하는 전도자들이 되게 하여 주옵소서. 교회를 위해 수고하는 일꾼들에게 충성하게 하시며, 생명의 면류관을 향하여 성실히 경주하게 하옵소서. 이 예배를 하나님 기뻐 받아 주시고, 친히 임재하셔서 영광 받으옵소서. 예수님의 이름으로 기도드립니다. 아멘.

대표기도 7

아브라함과 이삭과 야곱의 하나님, 이 시간 오셔서 진리로 다스려 주시고 긍휼을 베풀어 주옵소서. 세상 사람들이 탐욕과 이기심의 종이 되어 증오와 미움 속에서 괴로워하고 있습니다. 일자리를 얻는 것에 실패하고, 입학시험에 실패하여 마음 아파하고 있습니다. 오셔서 용기를 주시고 다시 세워주셔서 새롭게 시작할 수 있게 하옵소서.

우리를 푸른 초장으로 인도하시는 주님, 우리의 지친 영혼이 주님의 생기로 소생함을 얻게 하시고, 깊은 어둠의 골짜기로 지난다 해도 아무런 두려움 없이 가게 하옵소서.

역사를 주관하시는 하나님, 이 나라와 민족을 불쌍히 여겨 주옵소서. 하나님을 섬기기보다는 우상을 섬기며 썩어질 것에 마음을 두고 삽니다. 이 백성들이 우상을 버리고 주님께로 속히 돌아오게 하옵소서. 우리의 본분은 하나님을 즐거워하며 영화롭게 하는 것임을 늘 기억하게 하옵소서. 그래서 이 나라 전체에 그리스도의 계절이 임하게 하옵소서. 곳곳에서 주의 영광을 찬양하게 하옵소서.

교회를 사랑하시는 하나님, 우리 교회가 성령 충만한 교회가 되게 하옵소서. 모든 성도들이 사랑 가운데 교제하게 하시고, 성도들이 하는 모든 일들에 복을 받게 하옵소서. 예수님의 이름으로 기도합니다. 아멘.

대표기도 8

우리의 힘이 되신 여호와여, 영광과 찬송을 받아 주옵소서. 찬양 받으시기에 합당하신 주님 앞에 모였사오니, 소망의 공동체가 되게 하시고, 영원한 생명샘에서 생수를 마시게 하옵소서.

오직 하나님만이 우리의 길을 완전케 하시며, 우리로 실족치 않게 하심을 믿습니다. 주께 의지하오니 우리의 걸음을 인도하시고, 주의 온유함으로 입혀 주옵소서.

하나님 아버지, 모든 성도의 가정이 주의 은혜로 채워지게 하시며, 사업이 번창하고 발전하게 하여 주옵소서. 주님께서 허락하신 자녀들도 주님 안에서 지혜롭게 하시며 믿음의 대를 이어가게 하옵소서. 크신 은혜로 말미암아 우리가 열방 중에서 주께 감사하며, 주의 이름을 찬송하게 하옵소서.

하나님 아버지.

약한 자에게는 강함을 주시고, 슬픔을 당한 자에게는 위로를 주시며, 근심과 고통의 신음소리가 찬송의 소리로 바뀔 수 있는 놀라운 역사를 베풀어 주옵소서. 말씀 속에서 하늘의 평안과 은혜를 체험하게 하시며, 지금 우리의 심령 속에 오시어 주님의 빛으로 모든 어둠을 몰아내 주옵소서. 예수님의 이름으로 기도드립니다. 아멘.

대표기도 9

하나님 아버지, 우리들을 사랑하시어 주님 앞에 나와 경배하게 하시니 감사합니다. 오늘 이 예배를 통하여 복 있는 자들이 되게 하옵소서. 주의 종을 통하여 말씀을 주실 때에 그 말씀으로 인하여 즐거워하게 하시고, 말씀의 은혜로 우리의 삶이 풍성한 과실을 맺는 복을 받게 하옵소서.

우리의 가정이 늘 형통하게 하시고, 경영하는 일들이 시들지 않게 하옵소서. 악인의 길은 망한다고 하셨으니, 모든 악을 멀리하게 하시며 악은 어떤 모양이라도 벗어버리게 하옵소서. 그래서 진리의 띠를 띠고 승리하는 우리들 되게 하옵소서.

하나님 아버지, 주님의 피로 값 주고 사신 교회가 세속에 물들지 않도록 지켜 주시고, 항상 경성하여 말씀의 파수꾼이 되게 하옵소서.

이 민족을 붙들어 주시는 하나님, 이 시대와 이 나라가 주의 손에 달렸사오니 이 나라를 귀히 여겨 주옵소서. 특별히 이 민족은 둘로 나뉘어 서로 적으로 대결하고 있으니, 이 불행을 거두어 주시고, 하루속히 평화와 자유와 기쁨으로 나라가 하나 되게 하옵소서.

예수님의 이름으로 기도드립니다. 아멘.

대표기도 10

거룩하신 하나님 아버지!

그 크신 사랑과 은혜에 감사와 찬송과 영광을 돌립니다. 이 시간 연약한 죄인들을 하나님의 전에 나오게 하시고, 예수님의 공로로 먹보다 더 검은 죄를 깨끗케 해 주심을 감사드립니다. 주님의 크신 사랑과 구원의 은총 앞에 우리가 서 있음에도 불구하고, 우리는 아직도 미련하고 약해서 그 은혜를 깨닫지 못하는 무익한 종과 같습니다.

주여, 용서하여 주옵소서. 하나님 아버지! 은혜와 진리가 충만한 초대교회를 본받아 우리들이 섬기는 교회에도 하나님의 은혜와 진리가 넘쳐나게 하옵소서. 어두운 세상의 논리에 지배되지 않고, 죄인 된 인간들의 방법을 따르지 아니하고, 오직 진리이신 예수님을 따라 살아 있는 교회 되게 하옵소서. 비록 세상에서는 높임을 받지 못하더라도, 주님 앞에서 높임 받게 하시고, 섬김을 받기보다는 섬기는 종의 자리에서 더 기쁨이 넘치게 하옵소서.

하나님 아버지! 우리가 좀 가졌다고 가난한 자를 외면치 말게 하옵소서. 우리가 믿음의 눈을 떠서 소외와 고통 속에 있는 형제들을 발견하여, 그들에게 진정한 믿음과 소망과 사랑을 주는 참된 위로자가 되게 하소서. 예수 그리스도의 이름으로 기도드립니다. 아멘.

대표기도 11

영원히 우리를 사랑하시고 지키시는 하나님 아버지를 찬양합니다. 감사함으로 주의 문에 들어섰으니, 주님께 영광 돌리게 하옵시고, 우둔한 입술의 간구를 들어주옵소서. 죄악으로 얼룩진 이 시대에, 하나님께 의뢰하지 않고 이루어지는 모든 결정들 앞에서 우리는 무기력하게 서 있습니다.

하나님의 진리와 공의는 땅에 떨어지고, 하나님이 원하시는 평화는 저만치 먼 거리에 있습니다. 하나님, 우리 믿는 자녀들로 하여금 굴복하거나 포기하지 말게 하시고, 하나님의 의와 진리와 평화를 위해 일어서게 하옵소서. 또한 이 세상을 비추는 빛이 되게 하시고, 세상에 맛을 내는 소금이 되게 하소서.

사랑의 하나님, 우리 교회를 위해서 기도드립니다. 진실로 주의 성령이 역사하시는 교회, 말씀이 충만한 교회, 믿음이 충만한 교회, 하나님을 찬양하고 교우들 사이에는 참사랑이 넘치는 교회, 남녀노소의 차별이 없는 교회, 진실로 하나님의 은혜와 진리가 충만한 교회 되게 하옵소서. 아이들은 말씀으로 잘 양육되며, 목사님을 통해서 들려지는 하나님의 말씀이 온 성도의 심령과 가정 속에 뿌리내리는 놀라운 은총의 교회가 되게 하옵소서.

예수님의 이름으로 기도드립니다. 아멘.

대표기도 12

　창조주 하나님, 구속의 은혜 속에서 주님 앞에 나아와 머리 숙여 기도할 수 있게 하시니 감사드립니다. 이 시간 주님께서 우리 허물과 찬양을 받으시고, 우리 마음과 몸이 하나님이 기뻐하시는 산 제물이 되기를 원합니다.
　주님께서는 해방과 자유를 선포하시고 약속하셨는데, 우리는 죄의 굴레와 율법의 저주 속에서 허덕이고 있습니다. 주님께서는 사랑과 복 주심을 약속하셨는데, 우리는 시기와 질투 속에서 갈등하고 있습니다. 주께서 항상 기뻐하며 살아갈 것을 말씀하셨는데, 우리는 낙심과 좌절 속에서 우울하고 외로워하며, 슬픔으로 보낼 때가 많습니다.
　신실하신 하나님의 약속을 믿고 기다릴 수 있는 인내를 주옵소서. 성령께서 베푸시는 진정한 자유와 해방을 체험하게 하옵소서. 새 하늘과 새 땅을 소망하면서, 오늘을 사랑하면서 기뻐하며 살아가게 하옵소서.
　믿는 자는 오늘을 살아도 영원을 바라보는 자인 줄 믿습니다. 주여, 오늘 우리들에게 비록 포로가 되었지만 해방을 바라보며 찬송했던 이스라엘의 믿음을 본받게 하옵소서. 핍박받고 고난당하지만, 주님의 십자가와 그 은혜를 자랑하며 기뻐했던 사도들의 삶을 본받게 하옵소서. 예수님의 이름으로 기도드립니다. 아멘.

대표기도 13

    사랑의 하나님께 감사와 영광을 돌립니다. 이 시간 하나님의 크신 사랑으로 하나님 앞에 나오게 하심을 감사드립니다. 십자가 위에서 우리를 위하여 피를 흘리시면서, 우리 죄인을 사랑해 주심을 감사드립니다. 그러나 아직 우리는 그 사랑을 감사하지 못하고 배은의 삶을 살아왔습니다.

    우리의 눈은 보이는 부와 명예와 권세를 향했고, 우리 마음은 세상의 자랑 거리들에만 현혹되어 있었습니다. 나 자신과 내 가족과 내 교회만 생각하다가, 이웃을 생각하지 못하고 사랑을 나누지 못한 우리를 용서하소서.

    하나님 아버지! 우리의 눈을 열어 주옵소서. 우리의 마음을 열어 주옵소서. 우리가 보지 못했던 가난한 자의 눈물을 보게 하옵소서. 우리가 듣지 못했던 억울하고 억눌린 자의 신음을 듣게 하옵소서. 소외되고, 상처나고, 쓰러진 자들의 아픔을 우리가 느낄 수 있도록 도와주옵소서. 사랑의 하나님! 우리로 하여금 예수님이 우리를 사랑하신 사랑의 길을 걸어가게 하옵소서. 우리가 듣고, 보고, 아는 것으로만 그치지 말고 행할 수 있기를 원합니다.

    오늘 이 예배도 주의 성령이 임하셔서 우리를 감화 감동시키시고, 주님의 무한하신 사랑을 깨닫는 시간이 되게 하옵소서. 예수 그리스도의 이름으로 기도드립니다. 아멘.

대표기도 14

하나님께서 우리를 사랑하사 독생자를 보내시고, 십자가의 은혜로 우리 죄를 대속하심을 감사드립니다. 그 은총으로 이제 우리가 주 앞에 나왔사오니 우리의 심령이 예배를 통하여 새로워지게 하옵소서.

하나님께서는 우리 모두가 주님 앞에서 자유롭고 평화롭게 사는 길을 열어 주셨습니다. 어떤 사람도 속박 받으며, 고통 받으며 사는 것을 원치 않으시는 줄 믿습니다. 우리를 불쌍히 여기사 하나님의 능력으로 해결하여 주시고, 하나님의 자녀로서 진정한 자유를 누리게 하옵소서.

생명의 주관자 되시는 하나님 아버지시여.

우리를 진정 자유하게 할 수 있는 것은 하나님의 말씀뿐이라고 하셨습니다. 이 시간 하나님의 말씀을 우리에게 주셔서, 시냇가에 심겨진 나무처럼 사시사철 푸르게 하시고, 철따라 열매를 맺게 하옵소서.

아버지여, 이 시간 성령을 부으셔서 불길처럼 타오르게 하옵소서. 하나님과 우리 사이에 가로막힌 담을 헐고, 공동체 속에서 서로 용서하며 사랑하며 살아갈 수 있게 하옵소서. 예수님의 빛과 향기를 발하는 삶이 이어지게 하옵소서. 예수님의 이름으로 기도드립니다. 아멘.

대표기도 15

거룩하신 하나님, 그 이름에 합당한 영광을 돌립니다. 사랑하는 외아들을 이 땅에 보내시고, 모든 생활 속에서 모범을 보여 주심을 감사드립니다. 주님은 "수고하고 무거운 짐 진 자들아 다 내게로 오라" 하시면서, 세상 속에서 병들고 상처 난 우리를 품에 안아주기를 원하시지만, 완악한 우리 심령은 불신하며 거역하며 살아가고 있습니다. 이 모든 부족함과 연약함에서 우리를 건져 주옵소서.

거룩하신 하나님, 땅끝까지 복음을 전파하라 하심과 또한 때를 얻든지 못 얻든지 말씀을 전파하라 하신 주님의 명령을 우리로 하여금 기억하게 하옵소서. 그래서 우리가 말씀에 의지하여 복음 들고 나아가게 하여 주옵소서. 하나님의 말씀을 들어야 할 영혼들이 있는 곳은 어디든지 나가서 담대히 천국의 말씀을 증거하여 그 영혼이 주께로 돌아오는 놀라운 역사를 체험하게 하옵소서.

거룩하신 하나님, 우리의 영적 호흡이 끊어지지 말게 하옵소서. 쉬지 말고 기도하라 하셨사오니, 항상 기도하게 하시고, 영적인 싸움을 능히 감당하게 하옵소서. 믿음의 용사들이 되어 이 나라와 교회를 지키게 하옵소서. 오늘도 생명의 말씀을 충만하게 부어 주옵소서. 예수님의 이름으로 기도드립니다. 아멘.

대표기도 16

거룩하신 하나님, 은혜와 사랑을 감사드립니다. 오늘 이 시간도 성령의 도우심으로 거룩한 예배를 드릴 수 있도록 불러주심을 감사드립니다. 벌레만도 못하고 허물 많은 죄인들이건만 주님의 보혈로 용서하시고, 사랑 받는 자녀로 불러주심을 믿습니다. 이제 하나님의 사랑 받는 자녀로서 부족함 없이 신령과 진정으로 예배하게 하옵소서.

사랑의 하나님.

이 시간 우리 한국교회를 위해 기도드립니다. 교회들이 진정으로 하나님의 뜻을 행하게 하고, 하나님의 뜻보다 사람의 이기적인 생각만으로 운영되지는 않도록 도와주시옵소서. 나누고 베풀기보다는 쌓고 즐기는 일에만 전념하지 않으며 이웃을 사랑하고 주님의 말씀으로 양육하며, 하나님을 위해서 진리의 길을 닦고 순종하는 교회로 세워주옵소서. 우리들의 메마른 심령에 위로부터 내리는 생명의 말씀으로 우리 영혼이 살찌는 놀라운 은총을 주옵소서.

생수가 강물처럼 흘러 넘치는 교회 되게 하옵소서.. 한 사람도 믿음과 생명의 길의 대열에서 낙오되지 않게 하옵소서.

이 예배를 성령께서 인도하시길 원하며, 예수 그리스도의 이름으로 기도드립니다. 아멘.

대표기도 17

영광을 받으시기에 합당하신 하나님, 이 시간에 성령님 이 오셔서 이 예배가 하나님께서 요구하시는 거룩하고 합당한 예배가 되게 하옵소서.

먼저 하나님께 우리의 죄악 된 모습을 아뢰오니 죄사함의 은총을 베풀어 주옵소서. 성도라고 불리면서도 그 이름처럼 거룩하게 살지 못했고, 진실로 그리스도를 따르는 삶을 살지도 못했습니다. 우리의 부족함을 그리스도의 피로 용서하여 주옵소서. 그리하여 진실한 성도 되게 하시고, 사랑으로 헌신된 교인 되게 하옵소서. 말씀에 순종하고 말씀을 전파하는 제자 되게 하옵소서.

말씀으로 역사하는 하나님, 우리로 하여금 말씀이 없는 기갈을 겪지 말게 하옵소서. 꿀송이보다도 더 달고 정금보다 더 귀한 생명의 말씀이 우리와 함께 하는 은혜를 허락하옵소서. 말씀의 풍성한 은총 속에서 우리 모두의 믿음이 잘 자라기를 원합니다. 오늘 주시는 말씀 속에서 가난한 자는 부하게 하시고, 소망을 잃은 자는 새로운 소망을 갖고, 힘이 없는 자는 새 힘을 얻게 하옵소서. 교만한 자는 겸손해지고, 악한 자는 그 길을 버리고 돌아서며, 죄인은 회개하는 역사가 일어나는 놀라운 은총의 시간이 되기를 원합니다. 예수님의 이름으로 기도드립니다. 아멘.

대표기도 18

피난처 되시는 하나님!

은혜와 사랑에 진심으로 감사드립니다. 이 시간 주님만이 우리 복의 근원이 되심을 고백하오며, 또한 우리의 모든 즐거움과 소망이 주님께만 있음을 믿습니다. 지난 한 주간 우리가 생각하고 말하고 행동한 것이 하나님 보시기에 합당치 않은 것이 많았음을 고백합니다. 주님의 크신 사랑으로 용서하시고, 능력으로 깨끗이 씻어 주시옵소서. 이 예배를 통하여 우리 삶에 생명의 길이 환하게 보이게 하시고, 우리 마음이 뜨거워지게 하시며 우리 생각과 마음이 고침을 받게 하옵소서.

이 자리가 은총의 자리임을 믿습니다. 이 자리에 앉아 있는 주님의 백성들을 거룩하고 성결하게 하시며, 어떠한 어려움에도 흔들리지 않게 하시고, 소망 가운데 굳건한 믿음으로 살아갈 수 있게 하옵소서. 이 시간 드리는 성가대의 찬양이 하나님께는 영광을 돌리며, 성도들에게는 은혜의 찬양이 되게 하옵소서.

특별히 말씀을 전하실 목사님에게 영력을 칠 배나 더하셔서, 권세와 능력의 말씀을 선포하게 하옵소서. 예배의 시작부터 끝까지 마음과 정성을 다하여 산 제사로 드리게 하옵소서. 예수님의 이름으로 기도합니다. 아멘.

대표기도 19

　사랑과 은혜가 풍성하신 하나님 아버지, 감사합니다. 어둠 속에서 헤매는 우리들을 버려두지 아니하시고, 소망의 빛을 비추어 주시고 새 생명 주심을 감사드립니다. 나태한 일상 속에서 안주하며, 형제와 이웃을 사랑하지 못한 우리들을 불쌍히 여겨 주시고 물질적인 가치를 그 무엇보다 숭배하는 이 세상 풍조 속에서 주님의 뜻을 먼저 생각하는 믿음을 주옵소서.

　굶주리고 있는 북한 동포에게 긍휼을 베푸사, 그 질고에서 벗어나게 하옵소서. 먼저 우리 마음속에 분단의 벽이 무너지게 하시고, 이 시간에도 몰래 기도하고 찬양하며 믿음을 지키는 그들을 인도하여 주옵소서. 병든 자에게는 능력의 손으로 잡아 주시어 깨끗이 낫게 하시고, 낙심한 자 있으면 하늘의 소망을 보여 주옵소서.

　생활에 지친 자는 주께서 친히 그 손을 잡아 위로하여 주시고, 마음에 상처받은 자 있거든 그 마음을 위로하시고 치료하시고 새 힘을 주옵소서. 이 시간 목사님께서 하나님의 말씀을 선포하실 때에 우리 심령의 귀가 열리게 하시고, 성령의 감동을 받아 가정과 교회가 살아 움직이는 역사가 일어나게 인도하여 주옵소서. 예수님의 이름으로 기도합니다. 아멘.

대표기도 20

하늘의 보좌에서 우리를 돌보시는 하나님!

우리들은 감히 하나님 앞에 설 수 없는 존재들이나 독생자 예수 그리스도의 보혈로 깨끗하게 하시고, 주님의 자녀로 하나님의 전에 나오게 하심을 감사드립니다.

주님! 우리의 삶 전체가 하나님께 달려 있음을 고백합니다. 이 시간 우리의 심령을 감찰하시고 새롭게 하여 주옵소서. 성령께서 친히 오셔서 뜨겁게 하시고 강권하여 주옵소서. 약한 것을 강하게 하시고 무너진 곳을 보수하여 주옵소서.

하나님 아버지! 이 제단에 꿇어 엎드린 사랑하는 성도들의 간구와 소원에 귀 기울여 주옵소서. 우리의 예배를 받으시는 하나님께서 이 예배를 통하여 주의 긍휼과 자비를 체험하게 하시고, 주님의 몸 된 교회가 하나 되는 역사를 이루어 주옵소서. 교회가 그리스도의 몸으로서 합당한 일을 할 수 있는 힘을 공급받게 하옵소서.

말씀을 전하실 목사님을 붙들어 주시어 권세 있는 말씀을 선포하게 하시며, 우리는 그 말씀에 힘입어 한 주간 승리하며 살게 하옵소서. 우리가 말씀으로 무장하여 세상에 나갈 때, 하나님의 군사로서 세상을 이길 넉넉한 믿음을 갖게 하옵소서. 예수님의 이름으로 기도드립니다. 아멘.

대표기도 21

아브라함과 이삭과 야곱을 부르신 하나님!

오늘 우리들을 부르셔서 하늘의 신령한 복과 산 소망을 주심을 감사드립니다. 이 시간 우리의 속마음까지 아시는 주님 앞에 우리의 때 묻고 일그러진 모습을 고백합니다. 주님의 자비로운 손길로 감싸주시고, 주의 사랑으로 새롭게 하여 주옵소서.

참 좋으신 하나님 아버지! 우리들의 가정을 보살펴 주시고, 부부 간에 사랑과 신뢰로 하나 되게 하옵소서. 부모와 자식 간에 애정과 존경으로 뭉쳐지게 하시고, 형제와 친척 간에 돌봄과 관심으로 사랑의 줄이 이어지게 하옵소서. 우리의 가정에 주님이 주시는 평강으로 채워 주옵소서.

하나님! 이 나라가 병들어 가고 있습니다. 향락과 개인주의, 물질주의, 무질서와 불안감이 팽배해지고 있는 이 나라를 긍휼히 여기시어, 주님의 피 묻은 손으로 고쳐 주옵소서. 하나님의 공의와 질서와 화평이 물밀듯이 밀려오게 하옵소서. 또한 이 나라에 다시는 전쟁이 없게 하시고, 부모와 자식 간에 이산의 아픔이 없게 하시며, 주님의 통치와 평화가 임하게 하옵소서. 이 시간 드리는 예배를 받아 주시고, 하늘의 신령한 것으로 채워 주옵소서.

예수님의 이름으로 기도드립니다. 아멘.

대표기도 22

　사랑의 하나님 아버지께 모든 것 드려 감사드립니다. 이 시간 성령께서 역사하셔서 말씀 안에서 새롭게 살도록 인도해 주옵소서. 성령의 충만하심이 우리의 심령과 가정과 교회, 그리고 이 나라 이 백성의 삶 속에 넘치게 하옵소서. 이 예배를 통하여 우리들이 믿음의 담대함을 얻게 하시고, 주님의 생명이 가슴마다 넘치게 하옵소서.
　마음이 연약한 자들에게 위로를 주시고, 상처로 아파 우는 자들에게 긍휼을 베푸소서. 육신의 질병으로 안타까워하는 자들에게 능력을 베푸시어 깨끗이 치유 받는 역사가 일어나게 하옵소서.
　살아계신 하나님, 그리스도의 아름다운 복음이 우리 교회를 통하여 온 땅에 전파되게 하시고, 그리스도의 복음을 위하여 모든 성도들이 헌신하게 하옵소서. 특별히 이 나라에 복 주시고 모든 경영을 하나님께서 주관해 주셔서 평안함을 허락하시고 민족의 앞날을 환하게 밝혀 주옵소서. 이 땅의 모든 백성들이 하나님을 두려워할 줄 아는 백성들이 되게 하옵소서.
　참 좋으신 하나님, 오늘 예배 가운데 오셔서 충만한 은혜와 사랑을 내려 주옵소서. 예수님의 이름으로 기도합니다. 아멘.

대표기도 23

하나님 아버지, 복된 이 날에 우리를 불러주시고 예배할 수 있는 자녀로 삼아 주시니 감사합니다. 이 시간 온 마음을 다해 신령과 진정으로 드리오니, 우리 예배를 받아 주옵소서.

주께서 죄 많은 우리 모습 그대로 받아 주시사 우리의 빈 마음을 하늘의 소망과 사랑으로 가득 채워 주옵소서. 그리하여 주님의 기뻐하시는 자녀로 인도하여 주옵소서.

예배 순서를 통하여 진리가 선포되고, 하나님의 영광이 드러나게 하시며, 모든 성도에게 큰 은혜의 시간이 되게 하옵소서. 우리 속사람은 가뭄과 이상 기온으로 벌거벗은 뿌리와 같이 되었으나, 충만한 은혜의 단비로 덮으시어 속사람이 치유 받는 시간이 되게 하옵소서.

특별히 하나님의 말씀을 전하는 주의 종을 붙들어 주시어, 능력 있는 말씀이 선포되게 하시고, 우리의 혼과 영과 및 관절과 골수를 찔러 쪼개는 역사가 일어나게 하옵소서. 우리 교회와 교우들이 주님의 날개 아래 있어 평안을 누리게 하시고, 오늘도 든든히 서가는 교회가 되게 하옵소서.

이 나라와 민족을 불쌍히 여기시어 자비와 긍휼을 베푸시고, 주의 정의와 공의가 하수처럼 넘치는 나라가 되게 하옵소서. 예수님의 이름으로 기도드립니다. 아멘.

대표기도 24

　사랑의 하나님 아버지, 은혜를 감사합니다. 우리가 부끄러운 삶을 살았으나 부족하다 하지 않으시고, 복된 날을 허락하셔서 주님 전에 불러주시니 감사합니다.
　하나님, 우리들은 그리스도의 복음에 합당한 생활을 하지 못했습니다. 그리스도를 위하여 우리에게 은혜를 주신 것은, 다만 그리스도를 믿을 뿐 아니라, 또한 그리스도를 위하여 고난도 받게 하심이니, 오직 나와 내 집은 여호와만을 믿고 섬기겠노라는 확고한 믿음을 허락하여 주옵소서. 우리들은 그리스도를 위하여 고난 받기는커녕, 우리에게 주시는 은혜도 모른 채 세상 연락에 취하여 주님을 잊고 살았습니다.
　주님, 우리를 불쌍히 여겨 주옵소서. 이 시간 우리의 모습 이대로 주의 제단 앞에 가슴을 쪼개어 내놓고, 주님의 긍휼하심을 받기 원합니다. 범죄를 인하여 금식하며, "죽으면 죽으리라"고 나섰던 에스더와 유대 민족들처럼, 이 민족을 위하여 우리가 일어나게 하옵소서.
　이 시간 우리의 죄 된 몸을 드리오니, 열납하시고 긍휼히 여겨 주옵소서. 말씀을 전하시는 주의 종에게 권능으로 태워 주사 은혜의 시간이 되게 하옵소서. 예수님의 이름으로 기도드립니다. 아멘.

대표기도 25

   우리를 사랑하시되 끝까지 사랑하시는 하나님 아버지! 은혜에 무한한 감사와 찬송을 드립니다. 우리의 행위로 볼 때는 허물 많은 죄인이지만, 하나님 아버지께서는 그래도 사랑의 줄을 놓지 않으심으로, 우리들을 주님의 자녀로 이끌어 주시는 줄 믿습니다. 하나님 아버지의 크신 은혜를 깨닫고 열심으로 섬기고 전도해야 할 우리가 그렇게 하지 못함을 용서해 주옵소서. 불신과 불순종의 잠에서 깨어나게 하시고, 우리의 심령이 말씀으로 변화 받아 새로워지게 하옵소서.

   하나님 아버지, 우리의 가정을 위해 기도드립니다. 서로 사랑하고 도와서 아름답고 행복하게 살라고 만드신 가정인데, 우리 죄로 말미암아 지금은 찢기고 상처 난 가정이 너무나 많습니다. 우리의 가정을 회복시켜 주옵소서. 홀로 믿는 가정이 함께 믿는 온전한 가정으로 회복되기를 원합니다. 주님을 주인으로 모시고 서로 사랑하며, 부족한 것을 서로 보충하며 함께 연합함으로써 태초에 아버지께서 원하신 본래 모습으로 돌아가게 하옵소서. 자녀는 형제 우애하고, 부모를 공경하며, 부부는 서로 사랑하고 신뢰하며 믿음의 가정이 되기를 원합니다. 우리의 기도를 들어주실 줄 믿으며, 예수님 이름으로 기도드립니다. 아멘.

대표기도 26

온 세상 만물을 통치하시는 하나님 아버지!

하나님의 성호를 찬양합니다. 부족하고 못된 것투성이인 우리들이오나, 오늘 거룩한 주님의 전으로 불러 주심을 진심으로 감사드립니다. 주님은 "네 이웃을 네 몸과 같이 사랑하라" 하셨지만, 우리는 사랑할 사람만을 사랑했습니다. 용서할 사람만을 용서했습니다. 아직도 사랑해야 하고, 용서해야 할 많은 이들이 있습니다. 우리의 잘못을 용서하여 주시고, 크신 사랑으로 품어 주옵소서.

하나님께서는 한국교회를 사랑하시는 줄 믿습니다. 천만 명이 넘는 성도를 주시고, 어디를 가나 높이 달린 십자가를 보게 하시니 감사드립니다. 주님께서 부탁하신 지상 최대의 명령인 "땅 끝까지 이르러 내 증인이 되라"는 말씀을 충심으로 이행할 수 있도록 모든 교회와 성도에게 권고하여 주시고 깨닫게 하여 주옵소서.

이 시간 주님의 제단 앞에 머리 숙인 우리들을 살펴 주옵소서. 주님의 보혈의 능력으로 병으로 고통받는 심령들을 거룩하신 성령의 기름으로 발라 주시어 그 상처가 아물게 하시고, 실의와 낙심에 빠져 있는 자에게는 독수리가 날개 치며 올라감 같은 힘과 능력을 부어 주옵소서. 예수님의 이름으로 기도드립니다. 아멘.

대표기도 27

　자비하신 하나님 아버지, 죄와 허물로 인해 멸망 받을 수밖에 없는 죄인들을 사랑하시고 불러 주시니 감사합니다. 감히 하나님 앞에 나아갈 수 없는 우리들이오나, 예수 그리스도의 보혈의 공로를 의지하여 은혜의 보좌 앞에 나아갑니다. 크신 긍휼과 자비로 우리를 씻어 정결케 하여 주옵소서.

　하나님, 이 나라와 민족을 기억하여 주시기 원합니다. 이 민족이 하나님께서 베푸신 큰 은혜를 깨닫게 하시고, 이 일에 우리들을 선한 도구로 사용하여 주옵소서. 교회가 성령 충만하여 주의 복음을 증거하며, 행실로 하나님의 나라를 드러내는 주님의 증인된 삶을 살게 하여 주옵소서. 주님의 명령에 순종하여 세계 열방 가운데 주의 복음을 들고 나간 선교사들과 그들의 가족, 그리고 그들의 사역 위에 크신 은혜와 복을 내려 주옵소서. 그들을 통해 땅끝까지 복음이 증거되게 하시고, 열방이 주께로 돌아와 주님을 찬양하는 역사가 일어나게 해주옵소서. 우리가 이 일에 기도와 물질로 동참하게 하소서.

　이 시간 드려지는 예배가 온전히 하나님만을 영화롭게 하는 예배 되기를 원하며, 예수님의 이름으로 기도드립니다. 아멘.

대표기도 28

거룩하신 하나님, 세상 가운데 흩어져 살던 주의 자녀들이 하나님을 예배하기 위하여 모였습니다. 이 시간 주께서 예배를 기쁘게 받아 주옵소서.

고마우신 하나님 아버지, 많은 나라와 민족 가운데 특별히 우리 민족을 사랑하셔서 복음의 빛을 비춰 주시고, 복 받는 민족 되게 하여 주시니 감사합니다. 우리나라가 세계 열방 가운데 하나님의 뜻을 드러내게 해주시고, 위정자로부터 모든 백성에 이르기까지 하나님을 경외하며 섬기게 하여 주옵소서. 교회가 이 일을 위하여 기도하게 하시고, 이 나라와 민족을 주께로 인도하는 일을 잘 감당할 수 있도록 능력과 지혜를 더하여 주옵소서.

하나님 아버지, 이 시간 주님 앞에 나와야 할 주의 자녀들이 나오지 못했습니다. 어떤 형편과 처지에 있는지 알지 못하오나, 저들에게 주의 날을 귀하게 여길 수 있는 믿음을 주시고, 하나님을 예배하는 일을 삶의 최우선 순위에 둘 수 있게 해주옵소서. 이 자리를 사모하지만 나올 수 없는 어려운 처지에 있는 자들의 심령을 위로하시고, 각자 처한 자리에서 하나님을 예배하게 하옵소서. 이 시간 우리들 모두가 예배의 벅찬 감격에 빠지기를 원하오며, 예수 그리스도의 이름으로 기도드립니다. 아멘.

대표기도 29

영광 받으시기에 합당하신 하나님, 죄와 허물로 죽었던 우리를 예수 그리스도의 피로 씻어 주셔서 주님의 자녀 삼아 주시니 감사합니다. 이 시간 많은 사람들이 자신의 쾌락을 구하며 세상 중에 있지만, 우리를 사랑하셔서 세상 가운데 있지 않게 하시고 하나님을 예배하는 복된 자리에 있게 하시니 참 감사합니다. 이 땅에 사는 동안 우리가 거하는 곳에서 하나님의 영광을 드러내게 하시고, 죄와 짝하지 않도록 보호하여 주옵소서.

하나님을 모른 채 세상에 소망을 두고 살아가는 불쌍한 영혼들을 바라보면서, 땅끝까지 이르러 내 증인이 되라 하신 주님의 음성을 듣습니다. 저희가 하나님의 의와 하늘의 참 소망을 세상 가운데 드러낼 수 있는 복음의 일꾼 되게 하여 주옵소서.

주의 몸 된 교회를 섬기기 위해 세우신 각 기관과 부서들을 기억하셔서, 세우신 목적에 따라 열심히 충성할 수 있도록 능력과 지혜를 더하여 주옵소서. 모든 기관과 부서가 균형 있게 발전하게 하시며, 합력하여 선을 이루게 하여 주옵소서. 이 일을 위해 말씀으로 훈련받는 교회가 되기를 원하오니 성령님이여, 도와주옵소서. 거룩하신 예수님의 이름으로 기도드립니다. 아멘.

대표기도 30

복의 근원 되시는 하나님 아버지!

세상 속에서 분주하게 살던 우리들을 불러 주셔서 주님 전에 예배하며 안식을 누리게 해 주시니 참 감사합니다. 오늘 드려지는 예배를 통하여 하나님 홀로 영광 받으시고, 세상이 줄 수 없는 참된 기쁨을 맛보는 시간이 되게 하여 주옵소서.

하나님 아버지!

말씀을 위하여 세우신 주의 사자를 붙들어 주셔서, 주의 말씀을 온전히 선포할 수 있도록 능력으로 함께 하여 주옵소서. 말씀을 듣는 중에 참 평안을 얻게 하시고, 영육간에 병든 자들이 고침을 받게 하시며, 죄 짐에 눌린 자들이 죄의 사슬에서 벗어나는 체험을 하게 하여 주옵소서.

연약한 자들이 새 힘을 얻게 하시고, 상처받은 영혼들이 치유되는 은혜가 있게 하여 주옵소서.

사랑의 하나님!

예배를 통해서 누리는 기쁨과 감격이 날마다 새롭게 하시고, 예배를 통하여 공급받는 힘과 능력이 우리 일상의 삶을 지배하게 하여 주옵소서. 예수님의 이름으로 기도드립니다. 아멘.

대표기도 31

　만왕의 왕이시며 만유의 주가 되시는 하나님 아버지! 세세무궁토록 영광 받으옵소서. 독생자를 이 땅에 보내시어, 인류의 죄를 대신하게 하시고, 누구든지 그 이름을 부르는 자에게 사망의 저주에서 풀려나 구원과 생명의 길을 열어 주시니 감사합니다. 아무 공로 없이 새 생명 얻은 주의 백성들이 하나님의 행하신 놀라운 일을 찬양하며 경배 드립니다. 우리의 드리는 예배가 아벨의 제사 같게 하시고, 솔로몬의 일천 번제 같게 하셔서 하나님께서 받으실 만한 참된 예배 되게 하여 주옵소서. 하나님께는 영광이요, 우리에게는 큰 기쁨이 되게 하옵소서.
　하나님 아버지! 여호와로 하나님 삼는 백성은 복되다 하였사오니, 우리 민족이 하나님을 섬기므로 복 받는 민족 되게 하여 주옵소서. 이 민족이 한마음으로 하나님을 영화롭게 하며, 세계 열방 가운데 복음을 전하는 나라가 되게 하여 주옵소서. 하나님 아버지! 농어촌 미자립 교회와 소외되고 어두운 곳에서 그리스도의 사랑을 실천하고 있는 주의 종들에게 풍성한 것으로 채워 주옵소서. 우리 마음속에도 언제나 주님 기뻐하시는 일에 귀한 것 드릴 수 있는 믿음을 허락하셔서 참 가치 있는 일에 일생을 드리게 하옵소서. 예수님의 이름으로 기도드립니다. 아멘.

대표기도 32

은혜가 무한하신 하나님 아버지! 죄와 허물 속에 살던 우리들을 멸망할 세상 가운데 버려두지 않으시고 불러 주시고, 생명의 길로 가게 하심을 감사드립니다. 우리에게 먼저 구원의 길을 알게 하신 것은 우리뿐만 아니라 이 영원한 생명을 알지 못하는 이들과 나누게 하시기 위함임을 믿습니다. 하나님, 우리로 하여금 이 생명의 진리를 나누는 일에 열심을 낼 수 있도록 영혼을 사랑하는 마음을 주시고, 복음에 대한 뜨거운 열정을 허락하여 주옵소서.

세우신 기관과 부서들을 통하여 교회가 더욱 부흥되기를 원합니다. 교회와 이웃을 더욱 잘 섬기며 열심히 봉사하는 기관들이 될 수 있도록 능력을 더하여 주옵소서. 특히 교회학교를 진리 위에 든든히 서게 하셔서, 교회학교를 통해서 훈련받는 주의 자녀들이 올바른 주의 일꾼이 되게 하시며, 이 세상을 변화시킬 훌륭한 인재들이 되게 하여 주옵소서. 그들로 인해 우리 민족의 장래와 교회의 장래에 희망이 있게 하여 주옵소서. 주여, 이 시간 드리는 예배를 통하여 영광 받으시고, 우리는 하늘로부터 내려주시는 신령한 은혜를 받게 하옵소서. 생명이 되시는 예수 그리스도의 이름으로 기도드립니다. 아멘.

대표기도 33

거룩하신 하나님! 정하신 날에 주님 앞에 나와서 예배드리며, 하늘나라의 시민 된 기쁨을 맛보게 하여 주시니 감사합니다. 하오나 지난 날들을 돌이켜 보면 구원받은 성도답게 구별된 삶을 살지 못하고, 오히려 세상에 마음을 빼앗겨 살아감으로 하나님의 영광을 가릴 때가 많았습니다. 우리들의 삶이 언제나 주님의 뜻을 따라 성별될 수 있도록 성령께서 우리의 마음을 다스려 주옵소서.

사람의 제일 되는 목적이 하나님을 예배하며 그를 영화롭게 하는 것임에도 불구하고, 많은 사람들은 인생의 참된 목적을 알지 못하고 헛된 일에 매달려 살고 있습니다.

하나님, 저들을 불쌍히 여기사 사람의 참된 본분을 깨닫게 하여 주시고 주께로 돌이킬 수 있도록 하여주옵소서.

우리에게 담대함과 믿음을 주셔서 세상에 예수 그리스도의 생명의 복음을 증거하기에 부족함이 없도록 도와주옵소서. 이 세대가 하나님을 거스르며, 하나님을 두려워할 줄 모르는 패역한 세대가 되는 것을 볼 때 심히 안타깝습니다. 특별히 젊은이들과 청소년들이 하나님을 알게 하여 주옵소서. 그들 속에 하나님을 두려워하는 마음을 불어넣어 주옵소서. 예수님의 이름으로 기도드립니다. 아멘.

대표기도 34

생명의 주가 되시는 하나님 아버지!

허물 많은 우리들을 그리스도의 보배로운 피로 씻어 새 생명으로 다시 태어나게 해 주신 크신 은혜를 진심으로 감사드립니다. 하나님의 한량 없는 사랑에 감사하여 주의 은총 입은 자녀들이 하나님을 예배하기 위해 모였습니다. 오늘 우리들을 그리스도의 피로 씻어 정결케 하사 모두가 예배드리기에 합당한 심령들이 되게 해주옵소서.

이 나라와 민족을 위해 기도드립니다. 위정자들에게 하나님을 두려워하며 백성들을 귀하게 여기는 마음을 주시고, 기업가들에게 정직함을 더하여 주옵소서. 노동자와 농어민들에게 은총을 베푸사 그들의 곤고한 형편을 살펴주시고, 그들 속에 하나님을 알고 의지할 수 있는 지혜를 더하여 주옵소서. 나라의 부름을 받고 조국을 위해 전후방에서 젊음을 바치고 있는 군인들을 보호하시고, 그들의 영혼을 지켜주옵소서. 특별히 북한 땅에도 복음의 빛이 비치어 우리들과 함께 예배드리는 날을 허락하여 주옵소서.

말씀의 대언자로 세우신 목사님에게 능력을 더하셔서, 오늘도 하늘의 신령한 은혜와 비밀을 증거하게 하여 주옵소서. 거룩하신 예수님의 이름으로 기도드립니다. 아멘.

대표기도 35

역사의 주인이 되시는 하나님, 오늘도 우리들을 사랑하셔서 우리 죄를 우리에게 돌리지 아니하시고, 우리의 생명을 보호하시어 거룩하신 주님 전에 나아와 예배할 수 있게 해 주시는 무한하신 은혜에 감사를 드립니다.

빛 되신 하나님 앞에 설 때마다 드러나는 우리의 허물과 죄악으로 인하여 하나님께 고개 들 수 없지만, 예수 그리스도의 십자가를 의지하여 주님 앞에 나왔사오니 우리의 죄악을 도말하셔서 예배하기에 합당한 심령으로 변화시켜 주옵소서.

땅 끝까지 이르러 복음의 증인이 되라 하신 주님의 명령에 순종하여, 세계의 여러 나라에 나가 있는 선교사님들을 기억하여 주시기 원합니다. 그들을 성령충만케 하시고, 가정도 지켜 주옵소서.

우리들 마음속에도 영혼을 사랑하는 뜨거운 열정이 있게 하셔서 처한 환경에서 그리스도의 증인된 삶을 살게 하여 주옵소서. 오늘 이 자리에 머리 숙인 성도들에게 은혜를 허락하시고 사랑하시는 목사님을 통해 우리들에게 들려주시는 말씀이 좌우에 날선 검과 같이 예리하게 우리의 심령과 골수를 쪼개고도 남음이 있게 하옵소서. 예수님의 이름으로 기도드립니다. 아멘.

대표기도 36

    우리 인생의 주인이 되신 하나님 아버지, 언제나 선하신 뜻을 따라 우리의 삶을 주관하시고 인도하여 주심을 감사드립니다. 우리 삶을 되돌아보면, 나 자신이 삶의 주인인 양 착각하여 하나님을 의지하기보다 인간의 얄팍한 지혜와 지식을 더 의지하며 살았음을 고백합니다. 우리 교만을 물리쳐 주시고, 주님 인도를 따라 사는 겸손함을 배우게 하여 주옵소서.

    교회를 세우시고 교회를 통하여 역사하시는 하나님 아버지, 교회가 이 세상을 향한 하나님의 명령을 준행하기를 원합니다. 이 교회를 통하여 하나님 말씀이 전파되며, 세상에 참 소망이 되신 예수 그리스도를 드러내게 하여 주옵소서. 우리 교회가 진리 위에 든든히 서며, 말씀을 따라 행하여 주께서 교회에 당부하신 아름다운 일을 이룰 수 있도록 역사하여 주옵소서. 특별히 우리 교회가 하나님의 뜻을 따라 세상의 빛과 소금이 되는 데 앞서가게 하옵소서. 말씀 전하실 목사님께 능력을 더하셔서 하나님의 말씀을 대언하실 때, 이 자리에 모여 예배하는 우리들이 하나님의 임재를 체험하게 하시고, 그리스도의 사랑의 깊이와 넓이와 높이와 길이를 깨달아 주님의 의를 이루는 도구가 되게 하여 주옵소서. 예수님의 이름으로 기도드립니다. 아멘.

대표기도 37

사랑의 하나님 아버지, 우리 죄를 속량하기 위하여 독생자를 십자가에 내어주신 측량할 수 없는 놀라우신 은총 앞에 감사를 드립니다. 이 사랑으로 인하여 죄의 저주 아래서 신음하던 우리 영혼이 자유함을 얻었고, 천국의 소망을 품고 살게 되었습니다.

그러나 어리석게도 우리들은 이 크신 은혜를 입고도 은혜 받은 자답게 살지 못했음을 고백합니다. 용서하여 주시고, 거룩한 하나님의 백성다운 삶을 회복할 수 있도록 인도하여 주옵소서.

하나님 아버지, 우리 교회를 성령으로 충만하게 하사 구원의 소망과 은혜로 든든한 교회가 되게 하옵소서. 그래서 주님 전에 나아오는 자마다 은혜의 강물에 온 몸과 마음이 잠기게 하여 주시고, 받은 바 은혜와 은사를 따라 하나님 나라의 확장을 위해 헌신하며 충성하는 그리스도의 일꾼이 되게 하여 주옵소서.

우리 교회를 세우신 하나님의 뜻을 잊지 않게 하시고, 그리스도의 사랑으로 이 지역 사회를 섬기며, 하나님이 공급하시는 능력과 지혜로써 이 지역을 변화시킬 수 있도록 은혜를 더하여 주옵소서. 예수님의 이름으로 기도드립니다. 아멘.

대표기도 38

살아계신 하나님 아버지, 거룩한 주의 날에 하나님 전에 나아와 예배할 수 있도록 은총을 베풀어 주심을 감사합니다. 하나님, 우리의 어두운 눈을 밝혀 주시고, 우리의 닫힌 귀를 열어 주옵소서.

우리의 연약함을 아시는 하나님, 마음이 시험 든 자에게는 굳센 믿음을 더하여 주시고, 낙심한 자에게는 용기를 더하여 주시며 상처 입은 영혼에게는 위로의 손길로 어루만져 주옵소서. 여기 모인 모든 성도들에게 하늘의 신령한 은혜와 능력을 더하여 주사 새 힘을 얻게 하여 주옵소서.

이 백성을 불쌍히 여기사 살아계신 참된 하나님을 알고 섬기게 하여 주옵소서. 이 민족이 하나님을 거부함으로 멸망하는 자리에 들지 않게 하시고, 범죄함으로 하나님께 버림받는 불행에 빠지지 않게 인도하여 주옵소서. 이 땅에 그리스도의 계절이 오게 하시고, 하나님을 전심으로 섬겨 더 큰 은혜와 복을 받게 하옵소서.

목사님을 통해 선포되는 말씀이 우리의 양식이 되게 하시고, 하나님을 찬양하기 위하여 구별하여 세우신 찬양대의 찬양이 하나님께서 받으실 만한 온전한 찬양이 되게 하여 주옵소서.

예수 그리스도의 이름으로 기도드립니다. 아멘.

고난 당한 것이 내게 유익이라
이로 말미암아
내가 주의 율례들을 배우게 되었나이다
주의 입의 법이 내게는 천천 금은보다 좋으니이다
주의 손이 나를 만들고 세우셨사오니
내가 깨달아 주의 계명들을 배우게 하소서
주를 경외하는 자들이
나를 보고 기뻐하는 것은
내가 주의 말씀을 바라는 까닭이니이다
시편 119:71~74

3장

모범 심방예배 기도문

사업장 기도 1

　모든 복의 샘이시며 모든 사람의 소망이신 하나님!
　주님의 넓고 크신 은총과 사랑에 감사드립니다. 하나님께서 집을 세우지 아니하시면 집 짓는 이들의 수고가 헛되고, 하나님께서 성을 지키지 아니하시면 파수꾼의 깨어 있음이 허사이오니 ○○○집사의 사업장을 축복하셔서 날로 번창하게 하옵소서. 사업을 발전시키려고 부지런히 일하되 진실한 마음으로 일하게 하시고 하는 사업이 잘되어 하나님의 창고를 가득 채우게 하소서. 이 사업을 통하여 살아계신 하나님의 동행하심을 깨닫게 하옵시고, 하나님께 영광을 돌리게 하시며 이 사업이 주님을 섬기는 도구가 되도록 인도하시고 복 내려 주소서.
　브리스길라와 아굴라가 자신의 사업을 통해 하나님을 섬긴 것처럼, 집사님의 사업이 주님을 섬기는 도구가 되게 해 주소서. 그러나 혹시라도 이 일이 하나님을 섬기는 데 걸림돌이 된다면 과감하게 결단을 내릴 수 있는 용기도 허락해 주소서. 사업을 이끌어 나갈 때에도 신앙생활에 위배되지 않도록 지켜주셔서 사업을 통해 사탄의 유혹에 넘어가지 않도록 보호해 주시옵소서.
　모든 일을 선하게 이끄시는 하나님 아버지. 폭풍이 이는 바다 위에서 도움을 청하던 제자들에게 구원을 베풀어 주셨던 것처럼 세상의 거친 비바람, 어려움 가운데서도 주님을 모시고 살아가는 사업장이 되게 하옵소서. 아무것도 염려하지 말고 주님만을 의지하라고 말씀하신 그 분부를 가슴깊이 새기면서, 집사님이 살아갈 때에 절망하게 하고 낙심하게 하는 것들로부터 벗어나게 하소서.

이 사업장을 주님께 맡김으로 승리의 삶을 살아가도록 주님의 크신 은총을 풍성히 베풀어주옵소서. 그리하여 늘 믿음과 소망을 지니고 주님만을 바라보는 ㅇㅇㅇ집사님과 ㅇㅇㅇ권찰님이 되게 하여 주옵소서. 함께 일하는 동업자에게도 주님의 축복이 늘 함께 하실 줄 믿고 감사를 드립니다.

이 시간 말씀을 전하시는 목사님, 오늘 하나님이 주시는 말씀이 이 사업장과 가정에 기둥이 되게 하시고 말씀 따라 살게 되는 축복이 거하게 하소서. 우리와 언제나 함께 하시는 우리 주 예수 그리스도의 이름으로 기도합니다. 아멘.

사업장 기도 2

"울며 씨를 뿌리러 나가는 자는 반드시 기쁨으로 그 단을 거두리라" 하신 하나님! 오늘 ○○○성도가 하나님 앞에서, 하나님이 허락하신 새 사업을 시작하려고 합니다. 무엇보다도 먼저 하나님 앞에 예배를 드리오니 기쁘게 받아 주옵소서. 처음 시작은 미약하나 나중이 번성할 것을 믿습니다. 그가 열심히 일하고 노력할 때에 많은 것을 거두게 하여 주실 것을 믿습니다. 주님께서 허락하신 사업을 최선을 다하고 성실하게 가꾸어 주님의 영광을 드러내게 하옵시고, 많은 이익을 남겨서 하나님의 나라와 거룩한 사업에 귀하게 쓰일 수 있도록 복 내려 주옵소서. 혹 물질을 바라보고 좇아가다가 하나님의 일을 게을리 하지 않게 하시며, 성수주일과 십일조의 생활로서 더욱 하나님께 인정받는 귀한 성도가 되게 하여 주옵소서.

모든 경영이 하나님께 달렸음을 기억하게 하시고, 하나님의 뜻대로 인도하심을 받아 하나님의 기업으로 삼게 하옵소서. 정직과 성실함으로 경영하게 하옵소서. 주님의 법칙대로 경영하게 하여 주사 다른 사람에게도 본이 되게 하옵소서. 함께 하는 모든 직원들에게도 성실과 충성을 다하도록 도와주시고, 함께 잘 사는 기업이 되게 하여 주옵소서. 예수님의 이름으로 기도드립니다. 아멘.

사업장 기도 3

사랑과 은총이 풍성하신 하나님 아버지!

오늘까지 이 사업장을 보살펴 주시고 이끌어 주심을 진심으로 감사드립니다. 이 사업장이 물질로 어려움을 겪고 있어 기도하오니 들어 응답해 주소서. 하나님께서는 착한 사람에게나 나쁜 사람에게나 다 해와 비를 주시며, 공중에 나는 새도 먹이시고 들에 피는 나리꽃도 곱게 입히시지만, 사람들은 때로는 가난으로 허덕이게 되오니 굽어 살펴 주소서.

사랑으로 오시는 우리 아버지 하나님! 이 사업장의 가난이 주님의 뜻이라면, 주님께서 세상에 머무실 때 가난을 몸소 겪으셨음을 알게 하시고 위로를 얻게 해 주소서. 주님께서는 "여우도 굴이 있고 공중에 나는 새도 집이 있지만 사람의 아들은 머리 둘 곳이 없다"고 말씀하셨습니다. 주님께서 모든 권세와 영광을 지니시고도 스스로 가난하게 되심은 우리를 부유하게 하신 것이라 하신 말씀도 기억합니다.

간구하는 모든 이에게 풍성한 은총으로 응답하시는 주 하나님! ○○○ 집사님의 사업장을 위하여 간구하오니 오직 주님을 섬김에 지장이 없을 만큼 필요한 물질을 주소서. 배불러서 하나님을 섬기는 일을 게을리 할까 두렵고 가난해서 하나님을 원망하거나 욕되게 할까 두렵사오니 보살펴 주소서. 광야에서 만나와 메추리로 이스라엘 백성을 먹이시며 40년 동안 옷과 신발이 해어지지 않게 보살펴 주신 하나님! 살려고 애쓰는 집사님과 권사님에게 은총을 내리시어 하는 일마다 잘되게 하시고, 손이 수고한 대로 먹을 것과 입을 것을 주소서.

하나님께서 택하신 ○○○목사님께서 이 시간 말씀을 대언하실 때 말씀에 능력 있게 하시고 할렐루야! 영광과 존귀를 받으시기에 합당하신 하나님. 오직 주만 하나님이심을 만민으로 알게 하시고 모인 우리로 주를 높이며 영광을 돌리기에 부족함이 없도록 이 시간 은혜의 시간으로 가득 채워지게 성령께서 인도하여 주실 줄을 믿습니다.

말씀, 기도, 찬양의 산 제사를 드리게 하시고 말씀 속에서 삶의 길을 보게 하시며 오직 주님이 주인 되시는 아름다운 사업장이 되게 하여 주옵소서.

이 시간 무릎에 은혜를 주시고 기도의 제목을 가지고 여기에 모인 우리들에게 응답 받는 시간 되게 하옵소서. 원하옵기는 기도하는 시간 속에서 더욱 성숙된 신앙이 되게 하시고 주의 뜻이 무엇인지를 발견하게 하여 주옵소서.

믿음을 부어주시는 주님,

하나님이 지시한 땅을 한 번도 본 적이 없지만 믿음으로 떠났던 아브라함처럼 모든 일에 믿음으로 한 걸음 한 걸음 내딛는 ○○○집사님과 ○○○권사님이 되게 하옵소서. 하나님께서 주신 이 사업을 정직하고 바르게 이끌어 가게 하시며 이 사업장을 통하여 살아계신 하나님의 동행하심을 깨닫게 하옵소서. 그리하여 온전히 하나님께 영광을 돌리게 하시고 이 사업장이 주님을 섬기는 도구가 되도록 인도하시고 복을 내려주소서.

지금 드리는 기도로 오늘의 경배가 끝난 것으로 생각지 말게 하시고 종일 주님을 잊지 않게 하옵소서. 주님의 자녀인 저희로 하여금 영원하신 하나님께 마음 두게 하옵소서. 우리 영의 행복을 위협하는 많은 위협에 맞서는 방패가 되어 주옵소서.

　이 예배를 위해 기도로 준비하셨던 ○○○목사님을 주님의 날개 아래 거하게 하시어 말씀 충만, 성령 충만, 능력 충만한 목사님으로 삼아 주시옵소서. 이 사업장이 목사님의 말씀을 통하여 해결 받게 하옵소서. 예수님의 이름으로 기도드립니다. 아멘.

사업장 기도 4

인간의 생사회복을 주장하시는 하나님 아버지 감사합니다. 하나님의 뜻이 있기에 이 시간까지 우리를 이 땅 위에 세워주셨음을 믿습니다. 하나님, ○○○집사님과 ○○○권사님에게 강한 믿음을 허락하소서. "사방으로 우겨 쌈을 당하여도 싸이지 아니하며 답답한 일을 당하여도 낙심하지 아니하며 핍박을 받아도 버린바 되지 아니하며 거꾸러뜨림을 당하여도 망하지 아니하고 일곱 번 넘어지나 여덟 번 일어선다"고 하셨으니, 집사님과 권사님에게, 용기와 인내를 더해 주셔서 이 어려운 때를 잘 극복할 수 있도록 도와주시옵소서.

하나님을 사랑하는 자, 그 뜻대로 부르심을 입은 사람에게는 모든 것이 합력하여 선을 이루는 것을 꼭 믿습니다. 하나님이 우리를 사랑하시는 것을 믿습니다. 이번의 이 어려움이 결국에는 집사님에게 큰 유익이 될 줄 믿습니다. 이 어려움이 전화위복의 기회가 되게 하여 주옵소서. 하나님을 목자로 삼는 사람은 부족함이 없음을 믿습니다. 비록 사망의 음침한 골짜기를 다닐지라도 두려워하지 아니합니다. 그 까닭은 주님의 지팡이와 막대기가 집사님의 사업장을 지켜 주시며 주님이 우리와 함께 하시는 것을 믿기 때문입니다.

아버지, 이 음침한 골짜기를 걸으면서 축복의 샘물을 마시게 하시고, 캄캄한 골짜기에서 목자 되시는 주님만을 쳐다보게 하옵소서.

"환난의 날에 나를 부르라. 내가 너를 건지겠고 네가 나를 영화롭게 하리라" 하신 말씀을 믿습니다. 그래서 이 시간 간절한 마음으로 기도드립니다.

아버지, 이 환난의 날을 집사님과 권사님 사업장에서 지나가게 하시고 환난 당하기 전보다 더 하나님의 크신 사랑을 깨닫는 기회가 되게 하여 주옵소서.

이 시간 말씀을 증거하실 ㅇㅇㅇ목사님께 주의 놀라운 능력으로 함께 하셔서 우리를 신령한 말씀으로 인도하는 데 조금도 부족함 없는 능력 있는 ㅇㅇㅇ목사님 되게 하옵소서. 이 예배를 주님께서 홀로 받아주시고 우리에게 한량없는 은혜를 내려주실 줄 믿고 감사하며 예수 그리스도 이름으로 기도드립니다. 아멘.

사업장 기도 5

　○○○집사님과 ○○○권사님에게 일을 주시고 일할 수 있는 건강을 주신 하나님, 주님의 이름을 높여 드립니다. 주님께 영광을 돌려 드립니다. 하나님께서 주신 이 사업을 정직하고 바르게 이끌어 가게 하시며 이 사업장을 통하여 살아계신 하나님의 동행하심을 깨닫게 하옵소서.

　이 사업장을 통하여 하나님께 영광 돌리게 하시며 이 사업이 주님을 섬기는 도구가 되도록 인도하시고 복 내려 주소서. 브리스길라와 아굴라가 자신의 사업을 통해 하나님을 섬긴 것처럼, 바울이 그 사업을 통해 하나님을 섬긴 것처럼 집사님의 사업이 주님을 섬기는 도구가 되게 해 주소서. 하나님 앞에 진실한 사업이 되게 하시고, 성공하기 위해 법을 어기거나 다른 이들에게 악한 일을 행하지 않도록 보호해 주옵소서. 사업을 이끌어 나갈 때에도 신앙생활과 위배되지 않도록 지켜주셔서 사업을 통해 사탄의 유혹에 넘어가지 않도록 보호해 주옵소서.

　집사님과 권사님에게 가정이라는 보화를 주신 주님, 감사를 드립니다. 하나님이 주신 귀한 자녀들을 하나님의 지혜와 말씀으로 양육할 수 있게 하옵소서. 집사님 부부가 자녀에 대하여 믿음의 부모가 되게 하시고 하나님을 대신하여 양육하는 좋은 청지기가 되게 하옵소서. 집사님의 삶이 자녀들에게 좋은 길라잡이가 되게 하시며 믿음의 부모로서 귀한 신앙의 유산을 남겨주는 부모가 되게 하옵소서. 또한 집사님의 자녀들이 하나님이 원하시는 신령한 집으로 세워지게 하시며 하나님을 경외하고 예배하는 자로 성장하도록 인도해 주옵소서.

하나님의 법도를 따라 살아가는 자녀로 양육하도록 **도와주옵소서.** 이 시간 ○○○목사님의 입술을 주장하사, 하나님의 말씀을 대언하실 때 능력 있게 하시며 우리의 심령이 그 말씀을 청종하여 마음이 움직이고 새 힘을 얻을 수 있게 하옵소서. 이 예배의 시종을 주님께 부탁드리며 예수님의 이름을 의지하여 감사하며 기도하옵나이다. 아멘.

사업장 기도 6

　만물을 창조하시고 보살피시며 주님의 섭리대로 다스리시는 전능하시고 영원하신 하나님 아버지!
　이 사업장을 도와주소서. 간구하옵기는 먼저 ○○○집사님과 ○○○권사님의 마음을 성령으로 채워 주시며 사랑과 기쁨과 평안으로 흘러넘치게 하시고 감사와 찬양이 끊이지 않게 도와주소서.
　집사님과 권사님의 몸을 건강케 하시고 마음을 기쁘게 하시며 생각을 슬기롭게 하시어, 어려운 일을 겪지 않게 하시며, 설혹 시련과 어려움에 부딪쳐도 용감히 이겨낼 수 있는 힘을 주소서. 그리고 집사님의 믿음을 굳건히 하시어 사업 중에서도 주님을 떠나는 일이 없도록 해 주소서.
　사업이 잘될 때는 더욱 많이 벌기 위해 사업에 정신이 온통 빼앗겨 주님을 잊어버리는 일이 없게 하시고, 사업이 잘되지 않을 때는 의기소침하고 근심 걱정에 눌려 주님을 멀리 하는 일이 없도록 해 주소서.
　이삭의 소출을 축복해 주신 하나님 아버지!
　집사님의 사업을 위하여 기도하오니, 이 사업을 번창케 하시며 그리스도 복음을 증거하는 사업장이 되게 하소서. 성실과 근면으로 이룩한 사업이오니 주님께서 축복하시어, 사회와 교회에 모범이 되는 경영인이 되게 하소서.
　은혜로우신 하나님.
　이 사업장에 종사하는 모든 이들도 지켜주소서.

그들이 서로 돕고 이해하고 사랑으로 결속하는 사랑의 공동체를 이루게 하시어, 이 공동체를 통하여 하나님께 영광을 돌리게 하시며, 이들이 하는 일들이 바로 이웃에게 기쁨과 유익과 편리를 제공하는 봉사와 헌신의 일임을 깨닫게 하소서.

귀한 말씀을 증거하실 목사님께도 성령으로 함께 하셔서 저희들에게 새로운 깨달음을 주는 귀한 말씀이 되게 하소서. 모든 것을 주님께 온전히 맡기며 창조의 근원 되시는 예수님의 이름으로 기도드립니다. 아멘.

심방 기도 1

○○○성도님의 가정이 믿음의 가정으로 서기를 원하시는 주님, 이 가정이 먼저 순종하는 가정이 되도록 축복해 주시옵소서. 주님을 구주로 고백하고 믿음 가운데 바로 서는 가정이 되길 원합니다. 이제부터 이 가정이 주님의 말씀을 듣는 가정이 되게 도와주시고, 하나님의 말씀을 즐겨듣는 가정이 되도록 인도해 주시옵소서.

부모와 자녀 모두가 한마음이 되어 온전하게 말씀을 듣는 가정이 되도록 축복해 주옵소서. 신명기 28장에 기록된 순종하는 자에게 복 주시기를 원하는 놀라운 축복이 ○○○성도님과 ○○○권찰님 가정에도 임하기를 원합니다.

무엇보다도 주님을 사랑하고 감사하며 찬양하고 순종하는 것이 가장 큰 복임을 깨닫게 도와주시옵소서. 이 시간에 주님께서 우리의 기도를 다 들어 응답해 주실 줄 믿고 감사합니다. 믿고 기도하는 것은 다 받을 줄 알라고 하신 말씀을 믿기에 감사합니다.

늘 구역장으로 수고하시는 ○○○권사님에게 영 분별함의 은사를 허락해 주셔서, 가정을 공격하는 끈질긴 악의 세력을 이기게 하시고 또한 치유의 은사를 허락해 주셔서 영육간의 질병도 능히 고칠 수 있도록 축복해 주옵소서.

그리하여 이 구역의 가정마다 주님을 따라 승리하기를 원합니다. 경제 생활에서 승리하기를, 거룩한 생활에서 승리하기를, 신앙생활에서 승리하며 살기를 원합니다. 주여 도와주시옵소서.

주님께서 사랑하시는 구역 식구들의 연약한 믿음이 더 큰 믿음이 되게 하시며 주님의 영광을 바라볼 수 있도록 도와주시옵소서. 그리하여 믿음이 자라 하나님께 온전히 헌신하며 마음과 정성과 뜻을 다하여 주님을 사랑하게 하옵소서.

이 예배에 식구들이 서로 사랑하게 하여 주셔서 하나님의 뜻을 이루기 위해 늘 기도하게 하시고 그들이 하는 모든 일이 합력하여 서로에게 유익이 되고 선한 열매를 맺게 하여 주시옵소서.

오늘 드리는 이 예배가 저희들에게는 기쁨이 되며 주님께는 영광 드리는 예배가 되게 하옵시고 특별히 이 가정을 위하여 세우신 귀한 목사님께도 주님의 능력으로 덧입혀 주셔서 말씀 증거하실 때 큰 은혜 받을 수 있게 하옵소서. 예배의 시종을 주님께 맡기오며 사랑이 많으신 예수님 이름으로 기도드리옵나이다. 아멘.

심방 기도 2

평강의 하나님 되시고 우리의 피난처 되시는 좋으신 하나님, 언제나 ○○○성도님과 ○○○성도님 가정에 함께 하여 주시니 감사를 드립니다.

땅 끝까지 주님께서 동행해 주실 것을 믿습니다. 오늘도 ○○○성도님께서는 주님 앞에서 술에 대한 두려움을 이길 수 있게 해달라고 기도합니다. 하나님께서 그 두려움을 이길 수 있는 사랑을 주실 줄 믿습니다. 그러나 사탄이 주는 두려움, 마음에 혼돈과 불안으로 이끌어 가는 두려움은 주님께서 단호히 쫓아내 주옵소서.

○○○성도님이 두려움의 종 노릇하지 않게 하시고 두려움을 정복하고 다스리게 하옵소서. 주님께서 주신 성령의 검 말씀의 전신갑주를 입게 하시고 사랑으로 충만할 수 있도록 이 가정을 축복해 주옵소서. 또한 영혼에 건강함도 허락해 주셔서 오직 주님만을 바라보게 하시며 주님과 깊은 교제를 나누는 ○○○성도님이 되게 하옵소서. 그리하여 건강한 가치관을 갖게 하시고 건강한 사회생활을 하도록 인도해 주옵소서.

주님께서 주신 몸을 잘 돌보게 하시며 하나님의 성전으로서 몸을 잘 보호하고 양육하게 하옵소서.

가정을 통해 우리에게 복을 주시는 하나님, 결혼을 앞둔 자녀 ㅇㅇㅇ와 ㅇㅇㅇ에게 하나님이 예비하신 배우자를 만나게 하여 주시옵소서. 주님께서 가장 적합한 짝을 허락하시고 인생을 함께 걸어가도록 앞길을 주님께서 인도해 주시옵소서. 서로 돕고 서로 세워주는 축복의 만남이 되게 하시고 하나님의 행복을 마음껏 받아 누릴 수 있는 만남이 되게 하옵소서.
　이 시간 말씀을 증거하실 ㅇㅇㅇ목사님의 영력을 더하여 주시어 양떼를 먹이시기에 조금도 부족함이 없는 귀한 목사님으로 삼아 주시옵소서. 늘 우리와 동행하여 주시며 새로운 은혜로 채워주실 줄 믿고 감사하며 예수 그리스도의 이름으로 기도하옵나이다. 아멘.

심방 기도 3

중심을 보시는 좋으신 하나님 아버지.

○○○권사님 가정에 아름다운 남편과 자녀를 주셔서 감사를 드립니다. 이렇게 아름다운 권사님의 가정을 볼 때에 분명 하나님의 섭리가 있음을 깨닫습니다. 때로는 권사님의 삶에 힘들고 어려운 일이 있다 할지라도, 그럴 때마다 불평과 좌절보다는 감사와 찬송이 되게 하여 주옵소서.

언제나 감사의 길을 걸으며 주님 안에서 용기와 힘을 공급받게 하여 주옵소서. 주님의 지혜로 살아가게 하시며, 주님의 뜻이 무엇인지를 구분하여 인간의 생각이 아닌 주님의 생각으로 가득 찬 믿음을 허락하시며 무엇을 하든지 주님을 찾고 또 찾으며 무릎으로 주님께 나아가는 믿음을 소유하는 아름다운 가정이 되게 하옵소서. 주님께서는 권사님의 가정이 하나님이 원하시는 성전이 되기를 바라시며, 이 가정을 통해 아름다운 헌신을 받기를 원하십니다. 또한 아름다운 생명의 사역, 창조의 사역이 가정을 통해 계속되기 원하시는 줄을 믿습니다.

○○○성도님의 연약한 믿음이 더 큰 믿음이 되게 하시며 주님의 영광을 바라볼 수 있도록 도와주시옵소서. ○○○성도님이 언제 어디에서나 덕을 세우는 가정의 영적 지도자가 되게 해 주시고, 그리스도인의 참되고 아름다운 인격으로 거듭나게 하옵소서. 그리하여 믿음이 자라 하나님께 온전히 헌신하며 마음과 정성과 뜻을 다하여 주님을 사랑하게 하옵소서. 그리고 주님을 사랑하는 마음과 물질의 봉헌, 시간의 성별을 통하여 몸으로 주님 앞에 산 제사를 드릴 수 있게 하옵소서.

하나님께서 사랑하시는 두 자녀 ○○와 ○○를 주님의 눈동자처럼 지키시고 보호하여 주시옵소서. 골리앗을 물리칠 때도 하나님을 철저히 의지하였고, 사자를 만났을 때도 하나님을 의지한 다윗처럼 주님을 끝까지 의지하며 살아가도록 은혜를 더하여 주실 줄 믿고 감사드립니다.

이 시간 말씀을 증거하실 ○○○목사님께 주의 놀라운 능력으로 함께하셔서 우리들을 신령한 말씀으로 인도하는 데 조금도 부족함 없는 능력 있는 ○○○목사님 되게 하옵소서. 이 예배를 주님께서 홀로 받아주시고 우리들에게 한량없는 은혜를 내려 주실 줄 믿고 감사하며 예수 그리스도 이름으로 기도드립니다. 아멘.

심방 기도 4

　우리 믿음의 근거가 되시는 주님.
　○○○권사님과 ○○○장로님에게 무엇보다도 믿음을 선물로 허락해 주시니 감사와 찬양을 드립니다. 권사님과 장로님이 매일매일 믿음의 진보를 나타내는 부부가 되도록 건강의 축복과 물질의 축복, 오고 가는 길 안전의 축복도 허락해 주옵소서. 그리하여 믿음으로 보지 못하는 것을 보게 하시고, 가지지 않을 것을 이미 가진 것처럼 믿고 나아갈 수 있도록 인도해 주옵소서.
　보기 때문에 믿는 것이 아니라 믿기 때문에 볼 수 있는 영안과 귀를 열어주옵소서. 하지만 이러한 믿음은 스스로 가질 수 없습니다. 하나님께서 도와주시지 않으면 가능하지 않다는 것을 믿습니다. 선진들이 믿음으로 승리한 것처럼 장로님과 권사님 가정도 믿음으로 승리하게 하시며 이 믿음을 유산으로 남겨줄 수 있는 부모가 되도록 축복해 주옵소서.
　장로님과 권사님에게 가정이라는 보화를 주신 주님께 감사를 드립니다. 하나님이 주신 귀한 자녀들 하나님의 지혜와 말씀으로 바로 서게 하시고 그 자녀들의 앞길에 형통한 삶과 물질의 축복과 예루살렘의 축복을 누리며 살게 하옵소서. 그리하여 장로님과 권사님 부부가 자녀에게 믿음의 부모가 되게 하시고 하나님을 대신하여 진리의 말씀으로 인도하는 믿음의 본이 되게 하시며 믿음의 부모로서 귀한 신앙의 유산을 남겨주는 길잡이가 되게 하옵소서.

또한 자녀들이 하나님이 원하시는 신령한 집으로 세워지게 하시며 하나님의 말씀을 묵상하며 하나님을 경외하고 예배하는 자녀들로 살아갈 수 있도록 도와주옵소서.

이 가정에 결혼을 앞둔 자녀들이 있사오니 결혼을 통해 하나님의 뜻이 이루어지기를 원합니다. 주님께서 가장 적합한 짝을 허락하시고 인생을 함께 걸어가도록 앞길을 인도해 주시옵소서.

이 시간 말씀을 전하시는 ○○○목사님에게 함께 하셔서 오늘 하나님이 주시는 말씀이 가정에 기둥이 되게 하시고 말씀 따라 살게 되는 축복이 거하게 하소서. 우리와 언제나 함께 하시는 우리 주 예수 그리스도의 이름으로 기도하옵나이다. 아멘.

심방 기도 5

    살아서 역사하시는 좋으신 주님.
    이 시간 성령님이 함께하시니 감사합니다. ○○○성도님과 ○○○성도님 마음 안에 성령이 살아계셔서 앉으나 서나 자나 깨나 언제 어디서든지 주님이 지켜주시며 인도하고 있음을 깨닫고 믿게 하옵소서. 그리하여 매순간 기도함으로 주님을 만나게 하시며 주님의 음성을 들으며 주님과 대화할 수 있는 은총을 베풀어주옵소서.
    생명을 주시는 주님!
    ○○에게 자녀를 주심을 감사합니다. 하나님께서 자녀가 없음을 아시고 긍휼히 여기시고 아름다운 태의 열매를 맺게 하시니 감사와 찬양을 드립니다. 건강하게 아이를 낳을 수 있도록 하나님께서 기름 부어 주소서. 하나님께서는 합당한 선물을 주시며 가장 좋은 선물을 가장 좋은 때에 우리에게 주시는 줄 또한 믿습니다. ○○○가정에서 꼭 필요한 선물인 태의 열매를 열어 주심을 다시 한 번 감사드립니다.
    가정을 통해 우리에게 복을 주시는 하나님, ○○와 ○○에게 하나님이 예비하신 배우자를 만나게 하여 주시옵소서. 무엇보다 결혼을 통해 주시려는 하나님의 행복을 마음껏 받아 누릴 수 있도록 환경을 축복해 주옵소서. 서로 돕고 서로 세워주는 만남이 되게 하시고 욕망에 이끌려 실수하는 만남이 되지 않도록 역사하여 주시옵소서. 그리고 가정을 좋은 성품으로 세워나가며 자녀에게 모범이 되는 부모가 되게 하시고 상대방의 가족을 자신의 가족처럼 돌보는 넉넉한 마음을 가진 자를 허락하여 주옵소서.

이 가정에 아직 응답받지 못한 기도 제목이 있습니다. 이 시간 ㅇㅇㅇ목사님이 증거하시는 말씀을 통하여 응답받게 하시고 주께서 친히 목사님을 주장하사 말씀에 은혜를 더하시며 신령한 영의 능력의 깊이를 더하여 주셔서 부족함 없는 ㅇㅇㅇ목사님이 되게 하여 주옵소서.

어둠을 이기고 밝은 빛으로 승리하게 도와주실 줄 믿고 감사하며 모든 말씀 주 예수 그리스도 이름으로 기도하옵나이다. 아멘.

심방 기도 6

살아계신 하나님!

오늘 이 시간 귀한 가정에서 예배드리게 하심을 감사드립니다. 이 가정에 주님께서 축복하셔서 하나님의 사랑과 은혜가 넘치는 가정이 되게 하여 주옵소서. 또한 온 가족이 주님을 찬양하는 가족, 또한 화목하고 행복한 가정이 되게 하여 주옵소서. 하나님이 주신 자녀, 믿음이 있고 지혜롭게 하여 주옵시고, 어딜 가든지 머리가 되게 하시고 주님의 영광이 되게 하여 주옵소서.

이 가정의 가장이 있습니다. 하시는 사업을 주님께서 지켜주시고 인도하셔서 번창하게 하시고 또한 주님의 일에도 열심히 하는 집사님 되게 하여 주옵소서.

가정의 엄마 ○○○집사님과 주님께서 항상 같이 하시고 역사하셔서 기도로 말씀으로 자녀들을 키우게 하시고 믿음으로 승리하는 집사님 되게 하여 주옵소서.

언제나 주님께서 이 가정을 지켜 주실 줄을 믿고 예수님의 이름으로 기도드립니다. 아멘.

병문안 기도 1

병든 자를 치료하시는 하나님 아버지!

주님께서 이 땅에 오셔서 수많은 병든 자를 치유하여 주시고 낫게 하셨음을 기억합니다. 이 시간 이 가정에 몸이 상하여 아픈 이를 올려 드립니다. 지금 이 시간 주님의 피 묻은 손길로 안수하사 속히 낫게 하옵소서.

성령님, 함께하여 주시고 주님의 능력으로 인도하옵소서. 아픈 자의 마음을 아시는 주님께서 상한 심령을 어루만져 주옵소서. 우리의 마음을 고치시는 이는 주님뿐이오니 주님만을 의지합니다.

능력의 주님! 함께하옵소서. 치유하여 주사 건강한 몸으로 주님을 더욱더 열심히 섬기게 하옵소서. 아픈 이도 기도하며 주님을 바라보게 하여 주시고 주님의 능력이 임하기를 사모케 하옵소서. 환자를 보살피는 가족들에게 따뜻한 사랑의 마음을 주사 서로 하나가 되어 당한 어려움을 이겨내게 하옵소서. 구원의 복음으로 변화받게 하시고 말씀 안에서 주님의 능력을 체험케 하옵소서.

주여, 다시금 원하오니 이 시간 아픈 이를 어루만져 주시고 속히 치유되어서 기쁨이 충만케 하옵소서. 라파의 하나님을 믿고 우리 주 예수 그리스도 이름으로 기도합니다. 아멘.

병문안 기도 2

사랑이 많으신 하나님 아버지!

언제나 건강할 때에는 건강의 소중함을 느끼지 못하지만 병들어 고통을 당할 때에는 건강의 소중함을 새삼 느끼게 됩니다. 이 시간 병으로 고통하는 이 심령을 위하여 기도하오니, 지금까지 건강으로 지켜주신 하나님의 은혜를 감사하는 심령이 되게 하시고, 앞으로의 삶을 하나님께 전적으로 의지하는 심령이 되게 하옵소서.

치료의 하나님!

주님께서 하시고자 하시면 능치 못할 일이 없을 줄을 믿습니다, 간절히 원하옵기는 이 심령을 불쌍히 여겨 주옵소서. 주님의 능력의 손을 펴시고 병든 곳을 어루만져 주시며, 병의 근원을 치료하여 주시기를 기도합니다. 이 시간 곧 나음을 얻게 하여주시고 깨끗하게 하셔서 기뻐 뛰며 주를 찬송할 수 있게 도와주옵소서.

오늘 함께 모여 기도하는 모든 심령들도 하나님 은혜로 건강하게 살도록 도와주시고, 건강할 때 오직 하나님을 사랑하며, 하나님이 기뻐하시는 삶을 살아갈 수 있도록 도와주옵소서. 약할 때 강함 주시고 가난할 때 부요케 하시는 하나님을 늘 기억하게 하옵소서. 예수님의 이름으로 기도합니다. 아멘.

돌 기도 1

생명의 근원이 되시는 하나님 아버지.

한 해 전 ○○○성도님과 ○○○집사님 가정에 귀여운 아기 ○○를 태어나게 하시고 그동안 하나님의 은혜와 축복 가운데 자라게 하심을 감사합니다.

하나님이 주신 이 귀한 선물을 하나님의 지혜와 말씀으로 양육할 수 있게 하옵소서. 자녀에 대하여 믿음의 부모가 되게 하시고 하나님을 대신하여 양육하는 좋은 청지기가 되게 하옵소서.

○○○성도님과 ○○○집사님이 ○○에게 본이 되게 하시며 믿음의 부모로서 귀한 신앙의 유산을 남겨주는 부모가 되게 하옵소서. 두 자녀 ○○와 ○○가 몸이 자라고 지혜가 자라나 사무엘과 같이 되게 하여 주시고 하나님이 원하시는 자녀로 세워지게 하시며 하나님을 경외하고 예배하는 자녀로 성장하도록 인도해 주옵소서.

오늘 이 예배를 통하여 하나님께서 영광 받아 주시고, ○○와 집사님 그리고 여기 모인 모든 사람들에게 기쁨과 축복을 충만하게 하옵소서. 우리의 길이요 진리요 생명이 되신 예수 그리스도의 이름으로 감사하며 기도하옵나이다. 아멘.

돌 기도 2

인간의 생명을 주관하시는 하나님 아버지!

오늘 이 귀한 생명이 세상에 태어나 첫 돌을 맞이하였습니다. 365일 한 해 동안 건강을 주시고, 무럭무럭 성장하게 도와주신 은혜를 감사드립니다. 앞으로의 삶도 주님께서 주장하셔서 하나님의 뜻대로 살아가는 귀한 영혼이 되게 하옵소서. 세상의 물질적인 어려움이나 질병이나 이 어린 심령의 성장에 방해되는 모든 요소들을 성령님이 제거하여 주시고, 늘 감찰하여 지켜주옵소서.

하나님 아버지!

또한 귀한 생명을 낳아서 기르는 부모에게 복 주옵소서. 이 어린 자녀로 말미암아 항상 집안에 기쁨이 넘치게 하옵소서. 이 어린 심령을 위하여 늘 기도하며 하나님의 온전한 자녀로 양육할 수 있는 지혜를 허락하여 주옵소서. 하나님의 말씀만이 진리임을 바르게 교훈하며, 하나님이 이 어린 심령을 세상에 보내신 귀한 뜻을 깨달아 하나님이 쓰시는 귀한 일꾼으로 양육할 수 있도록 도와주옵소서.

믿음의 대를 이어가도록 도와주시되 아브라함의 하나님, 이삭의 하나님, 야곱의 하나님께서 이 가정의 온전한 주인이 되어 주옵소서.

예수님의 이름으로 기도드립니다. 아멘.

아기 출생을 앞두고 하는 기도

생명의 주인이신 하나님!

거룩하신 하나님의 뜻으로 이 딸에게 새 생명을 선물로 허락하시고, 해산을 기다리게 하심을 감사하옵니다.

자비하신 하나님! 아기를 낳는 것은 인간에게 주어진 신성한 의무인 동시에 하나님께서 주시는 큰 축복임을 깨닫게 하시어, 임신 중에는 흉하고 악한 것을 생각지 말게 하시고, 오직 주님의 말씀을 묵상하며 주의 은혜를 입게 하옵소서. 주의 딸은 기도하며 경건한 생활을 하므로, 태어날 아기에게 좋은 부모가 되기 원합니다.

건강도 조심하고 언행 심사 일거수일투족이 복중의 아기에게 모본이 되어, 복중의 심령에게 복이 되게 하여 주옵소서. 그 생명이 이 땅에 태어날 때에 순산하므로 고통을 잊게 하시고, 아기는 하나님 안에서 큰 자가 되게 하시어 이 가정에 기쁨이 되게 하시고, 그로 말미암아 세상에 영광이 되게 하여 주옵소서.

임마누엘의 하나님께서 함께하심을 믿습니다. 여호와 샬롬의 하나님께서 평강 주심을 믿습니다. 주님의 인도하심을 소망하며 예수 그리스도의 이름으로 기도합니다. 아멘.

출생 심방 기도

기쁨의 근원이 되시는 주님.

○○○집사님과 ○○○집사님의 가정에 하나님께서 주시는 기쁨이 풍성히 넘치도록 축복해 주시옵소서. 바울과 실라가 감옥에서도 기뻐하며 찬송을 부를 수 있었던 이유를 ○○○집사님과 ○○○집사님이 깨닫게 하시며, 그렇게 환경에 지배를 받지 않는 기쁨의 생활을 누릴 수 있게 도와주옵소서.

집사님 가정이 하나님을 경외하고 두려워하며 하나님을 도움으로 삼게 하셔서 하나님으로부터 오는 평강의 축복을 누리게 하옵시고, 또한 시편 128편에서 말씀하신 예루살렘에서 오는 복, 예배자의 복을 허락해 주시며 세상이 줄 수 없는 기쁨, 평강, 위로의 복을 주옵소서. 그리하여 언제나 주님과 동행하며 그 누구보다도 주님과 친근한 교제를 나누는 복을 허락해 주옵소서. 그러므로 집사님을 만나는 모든 이들이 복되게 하시며 하나님의 이름으로 이웃을 축복하는 집사님 가정이 되게 하옵소서.

집사님 가정에 자녀를 주신 하나님, 하나님이 주신 이 귀한 선물을 하나님의 지혜와 말씀으로 양육할 수 있게 하옵소서. 골리앗을 물리칠 때도 하나님을 철저히 의지하였고 사자를 만났을 때도 하나님을 의지한 다윗처럼 ○○가 크고 작은 위험에서 주님을 끝까지 의지하며 성장하게 하옵소서.

다시 한 번 자녀를 출생케 하시는 주님을 찬양합니다. 세포 하나에서 시작된 ○○○집사님과 ○○○집사님의 아이가 신체의 필요한 모든 것을 갖추고 한 생명으로 태어난 것은 창조주 하나님께서 행하신 너무나 감격스러운 사건임을 깨닫게 하옵소서. 주님께서 태 속에서 아기의 생명을 조성하시고 성장시켜 주셨고 세상에 태어나게 해 다시 한 번 감사드립니다.

집사님 가정이 영원한 축복, 영생을 누리는 가정이 되게 하시고 자녀들도 자자손손 시온으로부터 오는 축복, 예루살렘의 복을 누릴 수 있도록 인도해 주시옵소서. 사랑이 풍성하신 하나님, 집사님 가정에 오는 모든 사람들이 서로 사랑하게 하여 주셔서 하나님의 뜻을 이루기 위해 늘 기도하게 하시고 그들이 하는 모든 일이 협력하여 유익하게 되고 선한 열매를 맺게 하여 주시옵소서.

이 시간 주님께서 귀히 쓰시는 ○○○목사님께 하나님이 주시는 말씀을 허락하실 텐데 그 말씀이 이 가정에 기둥이 되게 하시고 그 말씀 따라 살게 되는 축복이 집사님 집에 거하게 하소서. 우리의 모든 것을 아시며 우리의 길 되시는 우리 주 예수 그리스도의 이름으로 감사하며 기도드립니다. 아멘.

이사 심방 기도

하늘과 땅을 지으시고 우리의 모든 것을 주관하시는 하나님 아버지, ○○○집사님을 주 안에서 살게 하셔서 하늘 영광에 거하게 하시고 사랑하는 집사님 가정에서 이렇게 새 장막 예배를 드리게 하시니 감사를 드립니다.

하나님 앞에 섬기기를 기뻐하며 교회를 사랑하는 우리 집사님 되게 하시니 참으로 감사합니다. 때로는 집사님의 삶에 힘들고 어려운 일이 있다 할지라도 그럴 때마다 불평과 좌절보다는 감사와 찬송이 되게 하여 주옵소서. 언제나 감사의 길을 걸으며 주님 안에서 용기와 힘을 공급받게 하여 주옵소서. 주님의 지혜로 살아가게 하시며, 주님의 뜻이 무엇인지를 구분하여 인간의 생각이 아닌 주님의 생각으로 가득 찬 믿음을 허락하시며 무엇을 하든지 주님을 찾고 또 찾으며 기도하며 주님께 나아가는 믿음을 소유하는 아름다운 가정이 되게 하옵소서.

다시 한 번 간구하옵기는 하나님께서 허락하신 이 장막이 하나님을 찬송하는 거룩한 처소가 되게 하셔서 하나님께서 주시려는 축복과 사랑이 가득한 집이 되게 하여 주옵소서. 그리하여 집사님 가정을 통하여 재물의 축복과 화목의 축복을 받게 하시사 주님의 일을 크게 감당하는 복을 누리게 하여 주시옵소서.

귀한 자녀들을 기억하사 형통한 삶을 살게 하시고 이 세상 살아가면서 어렵고 힘든 일 만나지 않도록 주님께서 지키시고 보호하여 주옵시고, 만나의 축복과 예루살렘의 축복을 마음껏 하나님께 공급받는 자녀들 되게 하옵소서.

이 시간 함께 참여한 식구들과 권사님들 서로 사랑하게 하여 주셔서 하나님의 뜻을 이루기 위해 늘 기도하게 하시고 우리가 하는 모든 일이 합력하여 유익하게 하고 선한 열매를 맺게 하여 주시옵소서.

이 시간 ○○○목사님의 입술을 주장하사 하나님의 말씀을 대언하실 때 능력 있게 하시며 우리들의 심령이 그 말씀을 청종하여 마음이 움직이고 새 힘을 얻을 수 있게 하옵소서. 우리의 모든 것을 아시며 우리의 길 되시는 우리 주 예수 그리스도의 이름으로 기도합니다. 아멘.

생일을 맞이하여 드리는 기도

인간의 주인이시며 역사의 주인 되시는 하나님 아버지!

오늘 또 한 번의 생일을 맞이하여 하나님 앞에서 감사를 드립니다. 생일을 맞을 때마다 조금 더 주님 뜻대로 살고자 다짐하며 맹세를 했지만, 돌이켜 생각할 때 부족하고 부끄러운 것뿐임을 솔직히 고백하지 않을 수 없습니다.

살아계신 하나님 아버지!

저에게 지혜를 허락하셔서 이 땅에 태어나게 하신 주의 뜻을 헤아려 알게 하옵소서. 하나님만이 저의 주인이시며, 생명의 창조자이심을 알게 하셔서, 이제부터는 지난해보다 더욱더 아버지의 말씀대로 살아가며 기쁘시게 해드리는 사람이 되게 하옵소서. 또한 한 살 또 한 살씩 나이가 들어갈수록 주님께 봉사하며 헌신하는 나이테가 늘어나게 하시며, 항상 하늘에 뜻을 두고 생활하게 하옵소서.

하나님 아버지!

저를 태어나게 하신 부모님과 함께 해 주시고 제가 부모님께 순종할 수 있는 복도 허락하옵소서. 또한 형제들의 앞길도 인도해 주옵소서. 그래서 화평을 이루는 가정 되게 하옵소서. 평생 하나님이 동행하시고, 삶을 온전히 주장하시며, 필요한 모든 것들도 자비로 베풀어 주실 줄 믿사오며 예수님의 이름으로 기도 합니다. 아멘.

수연(회갑, 칠순)을 맞이하여 드리는 기도

역사의 주인 되시는 하나님 아버지!

오늘 사랑하는 ○○○님이 회갑을 맞이하게 되어서 기쁜 마음으로 감사와 찬양을 하나님께 드립니다. 인간의 삶이 하나님의 도우심에 있음을 새삼 느끼며, 오늘 회갑을 맞는 ○○○님에게 더욱 크신 하나님의 사랑을 베풀어 주옵소서. 사는 날 동안 건강하게 살게 하시고, 오로지 저의 삶이 하나님의 영광을 드러내는 삶이 되게 하시고, 기도의 종으로서 사는 사람이 되게 하옵소서.

살아계신 하나님 아버지!

○○○님에게 지혜를 허락하셔서 이 땅에 태어나게 하신 주의 뜻을 헤아려 알게 하옵시고, 이제부터 세상의 허탄한 것에 뜻을 두지 말게 하시고, 영원한 나라를 사모하게 하옵소서. 사랑의 하나님! 또한 주신 자녀들이 이 세상에서 사는 동안 부모에게 효도하게 하시고, 온 식구들이 화목하여 하나님의 사랑을 이웃에게 전하는 귀한 가정이 되게 하여 주옵소서.

자녀들이 하는 모든 사업에 복 내려 주시고, 어디서 무슨 일을 하든지 아버지의 사랑을 기리며, 하나님을 향하여 온전하게 살아가도록 도와주옵소서. 예수님의 이름으로 기도합니다. 아멘.

배우자를 원하는 기도

하나님의 선하신 뜻대로 저를 창조하시고 말씀과 보호하심으로 이렇게 장성하도록 축복하신 은혜를 생각할 때 감사드리지 않을 수 없습니다.

사랑의 주님이시여, 주님께서는 남자와 여자를 지으시고 한 몸을 이루어 살게 하시고 아름다운 가정을 이루도록 하셨으니, 이제 저에게 가장 합당한 배우자를 주옵소서. 세상의 얄팍한 기준과 계산에 의해서가 아니고 주님께서 보시기에 신실하고 흡족한 자를 택하여 주사 그 사람을 보내 주옵소서. 만남을 허락하시되 순적한 만남을 주옵소서. 주님의 인도하심을 확신하며 감사하기 원합니다.

주님이시여, 긍휼을 베푸사 속히 이루어 주옵소서. 사랑의 주님이시여, 그리하여 온전히 한 마음과 한 몸을 이루어 살아갈 때 더욱 아버지께 영광 돌리고 더욱 뜨거운 믿음의 생활이 되게 하옵소서. 진실한 간구의 기도를 드리게 하시며 시험에 들거나 마음에 상처받는 일이 없도록 지켜 보호하여 주옵소서. 또한 좋은 배우자를 원하기 전에 저 스스로 알찬 사람이 되게 하옵소서.

사랑 많으신 예수님 이름으로 기도합니다. 아멘.

재소자를 위한 기도

죄인을 부르시어 용서하시는 하나님!

이 시간 우리들이 주님 앞에 모였습니다. 우리 모두는 하나님의 은총이 아니면 하루라도 인간으로서의 삶을 살 수 없는 죄인들입니다. 우리들의 미련함을 용서하여 주옵소서. 특별히 간구하옵기는 한순간의 잘못된 판단과 실수로 말미암아 정신과 육체의 구속을 받고 있는 사랑하는 형제에게 주님의 위로와 사랑을 내려주옵소서.

여기 모인 우리들 모두 세상의 법에 의하여 판단 받지 아니한 것뿐이지 더 나을 것도 없는 죄인들이오니, 언제나 하나님의 말씀을 마음에 새기고, 그 말씀대로 살아갈 수 있도록 은총을 베풀어 주옵소서. 사랑 많으신 아버지 하나님! 저희들의 허물과 실수를 속히 사하여 주옵시고, 이제부터는 더욱 주님을 모시고 하나님의 법도와 세상의 법규도 잘 지키면서, 모든 사람들이 서로에게 해가 되거나 상함이 되지 않는 좋은 세상을 만들 수 있는 길로 나아갈 수 있도록 성령님께서 인도하여 주옵소서.

상한 갈대도 꺾지 아니하시며 꺼져가는 등불도 끄지 아니하시는 주님, 여기 모인 영혼들을 긍휼히 여기시사 주님의 은총과 자비를 허락하여 주옵소서. 예수님의 이름으로 기도드립니다. 아멘.

작정 기도 1

우리가 쓰러지고 넘어질 때마다 피곤한 무릎을 일으켜 세워주시고 위로해 주시는 좋으신 주님.

주님께서 주시는 위로, 하늘로부터 내려오는 위로로 말미암아 ○○○집사님이 이 땅에 살면서 혹시나 사망의 음침한 골짜기를 다닐 때에도 두려워하지 않고 무서워하지 않게 하옵시고, 일평생 살아가면서 담대하게 세상과 맞서며 주님을 의지하며 집사님의 생명이 다할 때까지 주님의 위로를 붙잡고 걸어가게 하옵소서. 또한 우리 집사님의 두 자녀와 더불어 서로를 위로하게 하시며 따뜻한 말로 세워주게 하옵시고, 서로 위로 받기보다는 서로 위로하는 부모와 자녀가 되게 하시며, 자녀들의 아픈 마음도 따뜻한 사랑으로 위로하는 부모의 사명을 감당하게 하옵소서.

집사님이 자녀들에게 하나님의 위로를 보여주는 거울이 되게 하시며 위로로 가득 찬 가정이 되게 하옵시고, 평안의 축복도 함께 누리게 하옵소서.

능력의 주님.

○○○집사님 가정에 이런 단어들은 멀리해 주옵소서. 염려, 근심, 걱정, 불안, 초조, 절망이란 단어가 전혀 어울리지 않는 삶이 되기를 원합니다. 이런 단어들이 삶에 없을 수는 없지만 주님이 주시는 힘으로 염려의 먹구름을 떨쳐 버리게 하옵소서. 또한 앞일에 대한 두려움, 어떻게 살 것인가에 대한 해결책이 주님께 있음을 우리 집사님이 깨달아 알게 하옵소서.

두 자녀 ○○와 ○○가 모세처럼 기도하는 자녀, 모세처럼 가장 높고 깊은 곳에서 만나는 자녀, 모세처럼 가장 선명한 하나님의 음성을 듣고 그대로 행하는 자녀가 되게 주여 도와주옵소서.

○○○목사님을 말씀 충만, 성령 충만, 능력 충만한 목사님으로 삼아주사, 목사님의 입술을 통해 나오는 주님의 귀한 말씀으로 저희 메마른 심령들이 사랑으로 넘치게 하여 주옵소서. 그리하여 주께로부터 받은 은혜를 이 시간 저희들에게도 나눠줄 수 있는 귀한 시간 되게 하여 주실 줄 믿고 감사하며 예수 그리스도의 이름으로 기도하옵나이다. 아멘.

작정 기도 2

여호와 닛시의 하나님.

○○○성도님이 주님을 따라 인생의 매순간마다 승리하는 삶을 살기를 원합니다. 주님, 도와주옵소서. 주님이 누리시는 그 영원한 승리가 ○○○성도님의 것이 되게 하옵소서. 최후의 승리를 이미 받은 것처럼 누리며 살기를 원합니다. 사탄의 속임과 거짓말과 참소에 넘어가지 않고 언제나 확실한 영적 분별력으로 승리하기를 원합니다.

주님, 승리하기 위해서 주님의 도우심이 ○○○성도님과 함께하기를 원합니다. 끝까지 한결같은 믿음의 생활을 하면서 달려갈 수 있도록 도와주옵소서. 말씀과 기도, 찬양으로 주님께 나아가는 믿음을 소유하는 아름다운 가정이 되게 하옵소서.

오늘도 ○○○성도님의 가정의 건강을 위해 기도드립니다. 부부가 건강한 육체로 일하며 생활할 수 있도록 지켜주시고 주님의 생명과 건강을 부어주옵소서. 사랑하는 남편이 직장에서 일을 할 때에도 피곤하지 않게 하시며 건강한 몸으로 생동감 있는 하루하루가 되게 하옵소서. 또한 정신의 건강함도 허락해 주셔서 모든 사람과 성숙한 관계의 삶을 누리게 하시며 또한 다른 이들에게도 마음의 위로와 쉼을 줄 수 있는 남편이 되도록 인도해 주시고 그 영혼도 주님의 생명책에 기록되게 하옵소서. 한 영혼이 천하보다 귀하다고 말씀하신 주님. 남편도 주님의 백성 삼아 주시옵소서. 하나님께서 선물로 주신 두 자녀가 사무엘처럼 주님의 음성을 듣고 하나님의 권능을 나타내는 자녀가 되게 하옵소서.

주님, 사무엘을 통해 다윗이라는 하나님의 사람이 세워졌듯이 이 가정에 두 자녀로 인해 믿음의 세대를 이어주는 하나님의 사람들이 세워지게 하옵소서.

오늘도 주님의 제단 삼아 기도할 수 있도록 자리를 예비해 주신 하나님께서 사랑하시는 ○○○권찰님에게 치료의 손길을 펼치사 다 낫게 해 주옵소서.

이 시간 말씀을 증거하실 ○○○목사님을 주께서 친히 주장하사 말씀에 은혜를 더하시며 신령한 영의 능력의 깊이를 더하여 주셔서 부족함 없는 ○○○목사님이 되게 하여 주옵소서. 어둠을 이기고 밝은 빛으로 승리하게 도와주실 줄 믿고 감사하며 모든 말씀 주 예수 그리스도 이름으로 기도하옵나이다. 아멘.